ぼちぼち行こうか

——保健室の窓から

本の泉社

もくじ

はじめに　4

子どもの疲れをほぐすには　藤田照子　10

生活実態調査の結果から
心とからだを育てる授業　藤巻久美子　22

証拠を基に子どもの〝疲れ〟を考える　鹿野晶子　36

共育て、共育ち　親子で元気になろう　小林令子　44

楽々　元気作戦！　膝館ひろ子　58

もくじ

子どもを真ん中に出会いの場づくり三七年
―子どもキャンプで育つ―　佐藤左貴　72
いらっしゃい！　地域のこども食堂から発信　大津育子　88
「おなかすいたらたべにおいでよ！」　佐藤　崇　100
保健室からのちょっかい
わくわくどきどき元気いっぱい　養護教諭の私も元気になって　石田かづ子　114
〈特別寄稿〉
子どもたちの心と身体を不自由にする「空気圧」　中西新太郎　138
むすび　156
執筆者プロフィール　158

はじめに

本書を企画するときに、真っ先に浮かんだのが、かつて勤めた中学校のことと生徒のひと言でした。

「先生！　僕、疲れているんです」「人生に……。伝統に……。疲れているんです」転勤して間もないころ、三年生の男子が一人で保健室に来ました。大きなからだを縮めるようにして丸椅子に座り、思いのたけを話し始めました。何度も聞かされる伝統の重さ、〝名門校〟の世間的評価、受験のこと……。その子の「疲れている」のひと言は、この学校のすべてを象徴しているようでした。

保健室に押し寄せるようにやってくる子どもたち。「この子の話も聞いてあげて」と言って、不登校になっている二年生の女の子が、引きこもっている友だちを連れてきました。「先生！　今までずっと我慢してきたけど、もう我慢できないんです」小学校の頃、転校先で三日目から始まったいじめ。シカトされ、馬鹿にされ、悪口を言われ……。いじめグループを怖れて誰も声をかけてこない。孤独な毎日は、中学校に入っても続きました。「眠れなくって、食べられなくって、苦しくて……。死んだ方がいい！　夜、何度も自分の首を絞めたことがあります。真綿で締めるように。でも、どうしても死ねなくって首に手を回しながら泣いていました。今、学校に来るのがつらいんです」ギリギリの精神状態を保っていました。唯一の友だちが声をかけなければどうなっていたのでしょう。

先生方も疲れていました。部活指導中に脳梗塞で倒れた先生、うつ病と診断された先生等々で、休む先生が続出していました。学力でもスポーツでも周囲の期待は高く、最高の結果を残すことが常に求められていました。

いつの間にか、保健室は、子どもだけでなく、大人も利用する場所になっていました。子どものことを話題にし、授業の相談をし、ちょっとした愚痴を言う。それだけで、次の日へのエネルギーが出てくるものです。先生たちにも癒しの空間、つながりの場……。学校にもそんな〝カフェ〟がもっと必要だと思いました。保健室カフェでのつながりが、そののち大きな力になっていきました。〝疲れている先生〟たちとつながって、信頼し合ってできることからの一歩を踏み出しました。

こういう学校が、全国のどこにもあるのではないでしょうか。管理と競争の世界で、子どもも大人も疲弊しきった学校の様子です。

疲労感を訴える子どもたち。その背景には、複雑な要因が絡み合っています。友だち関係のトラブル、寝る寸前まで離せないスマホ、家族・親の問題、受験のプレッシャー、部活の人間関係等々……。ストレスや不安を抱え、安心して眠れない環境があります。更には、リストカットや摂食障害、うつ的傾向を伴っていく子もいます。混沌とした社会の中、強さを前面に出す者、力を誇示する者が過大に評価され、一方で、まじめさや優しさ、人間らしさが、弱さの象徴のように揶揄されることがあります。〝スクールカースト〟を意識し、周囲に気遣い、孤立を怖れ、神経をすり減らしている子どもたちがいます。

こんな時だからこそ、誰もがかけがえのない存在として認めあえる関係をつくりたい。子どもたちがからだと心を開放してホッとできる空間が必要です。持てる力を精一杯発揮し、成長・発達ができる場と機会をたくさん用意してあげたいと思うのです。そして、何よりも子どもたちが大切にされ、希望の持てる社会的な政策が必要です。これ以上、子どもの疲労が蓄積されない様に、いのちが失われない様に、家庭、学校、地域で支え合い、つながりあって創造的で豊かな取組みを展開していきたいものです。

本書は、「保健室」誌（一八五号）特集「子どもだって疲れている」をベースにしました。

大人だけでなく、子どもだってこんなに疲れているよ！　わかって！　と、子どもたちは訴えます。大人が思っている以上に、子どもたちの心身の疲れは慢性化し沈殿しているのです。そこで、私たちは、「疲れをほぐして、元気になって欲しい」「そんなに気を張らなくてもいいよ。ゆっくり、ボチボチ自分のペースで歩いて行こう」そんな願いをもってこの本を企画しました。日ごろの子どもたちの実態に合わせた、学校、地域でのさまざまな取り組みを紹介します。
　実践には、次の視点が織り込まれています。

・疲れの実態、疲れの要因や背景を考える。「子どものからだ調査」「自覚症状しらべ」子どものからだに関わる調査データーから科学的な視点での元気になる作戦が提案されている。
・心とからだをほぐし、足湯でほっこり。子どもたちの心身の疲れをとる具体的な方法。からだがほぐされ、気持ちよさの体験や学んだことを友だちや家族にも伝え広げていく。
・「子ども・子育て支援新制度」の課題をどうとらえるか。子どもの発達を考え、学齢期につなぐ保育をめざす。親子参加型の諸行事を通して、共育て・共育ちを実感する取り組みを展開する。
・子どもを真ん中に、親子劇場と青年と保護者が協力し、キャンプや諸行事をつくりあげる。異年齢の交流、自然体験、生活体験で子どもの成長、育ちを確かめ合う。
・「心とからだの授業」の中で、子どもたちの生活や気持ちに変化。次の授業づくりにつなげる。自分が認められ、大切にされていることで、さまざまな場面で意欲的で大きな力を発揮する。
・保健室閉鎖、不当人事の差別攻撃を実践の力へと変換していくエネルギー。子どもの発達や実態を念頭におき、子どもにちょっかいを出し、いっしょに楽しみながら、からだづくりの実践の展開へと発展させていく。

・中学生らしいアイデイアや発想力を引き出し、主体的でいきいきとした保健委員会活動を展開。笑いと免疫力の関係に科学的に着目し、文化祭で発表。取り組む過程で生徒と共に学びを共有。

・心身が開放される空間、地域に居場所をつくるとりくみ。

年々広がっている子ども食堂。貧困や、親の長時間労働による孤食、不登校の居場所等々、成立する過程はさまざま。子どもと大人が寄りあう地域の新たな居場所は大きな支えになっている。

中西氏の論考から、あらためて「ウチらのシャカイ」の中で生きている子どもたちの姿、子どもたちの「心身を不自由にする疲れ」について理解を深めたいと思います。大人の「シャカイ」からは推し量ることができないほどの友だち関係での気遣い。しかし、自立に向けた思春期には、友だちはかけがえのない存在です。思春期の子どもたちの複雑な気持にどう寄り添っていくのか。

そして、心身を開放する居場所についてのあり方、人との関係においては、「自分は不完全」という出発点に立つことについても提示されました。読者のみなさまとともに、しっかり受け止めたいと思います。

さあ、
子どもたちよ。
目の前のできることからはじめよう。
力を抜いて、
ボチボチと。

本書編集委員会

1

子どもの疲れをほぐすには

小学校養護教諭
藤田　照子

「疲れたぁ～」って言える？

「早く食べて！　テストの直しがあるのよ！」と給食時間まで責められている子がいます。学力アップを第一に目指す学校体制の中で、教師たちの必死になる思いも分かりますが、食事くらいは楽しく味わって食べさせてあげたいと思います。

剣道やサッカー、習字、ピアノなどのお稽古事が九時頃まで続く日が週に何回かあり、就寝時刻が一〇時を過ぎてしまう子がいます。また、家にいてもテレビやゲームで過ごし、疲れがとれないままで、朝起きるのが大変な子もいます。

一方では、不安定な家庭や学校の人間関係の中で神経をすり減らしている子も増えています。しんどさを言葉にして誰かにわかってもらえているとまだよいのですが、誰にも言えず、毎日を過ごしている子がいます。特にＤＶ関係の暴力暴言を克明に記憶し、「どうせぼくなんか」と自己否定する子が気になります。

子どもたちの中には大人の思いに応えようと黙々と頑張り続けている「良い子」、周りの同世代の子にどう思われているか（ひとりぼっちと思われていないか）を気にし、周りに合わせることに気を遣っている子が増えています。保健室に行くのさえ周りの目を気にし、不安で、来室し辛くなっています。このように自分の疲れの原因にも気づかず、疲れを溜めこんでいる子がいるかもしれないことをいつも心に留めておかなければと私は思っています。

「疲れたぁ」とありのままの体調を発信できると、早めの対応で、休養してエネルギーを蓄積できる対策を講じることができます。子どもの疲れをサインと受け止めたいと思います。

自分のからだを通して学んできたこと

子どもの頃の私は、高度近視、肥満、脚気、便秘、肩こり、むし歯、歯肉炎、喘息……と最悪の健康状態でした。栄養バランスや歯磨きなど、無関心な家庭で、駄菓子やインスタントラーメンをよく食べていました。授業中は居眠りをし、走る・跳ぶなどの運動は大の苦手で、「メガネブタ」といじめられていたこともありました。「体調はこんなものだろう」と、そのまま学生生活を過ごしました。大阪で養護教諭になったとき、「すこやかな子どもを育てる勉強会」に誘われ、健康合宿で甲田光雄先生に出会い、食生活を変えることで、体調が一変していきました。頭もクリアになり、走っても泳いでも疲れないからだになり、現在に至ります。

また、中学校で、不登校や保健室登校の子どもたちと出会う中で、何か糸口を見つけたいと竹内敏晴さんの「からだとことばのレッスン」に通いました。気持ちが身体に出てしまうことやことばの大切さを学び、からだをほぐすワークショップを受けました。さまざまな場で自分のからだを通して学んだことを保健室でのかかわりに活かしています。

子どもの疲れをほぐす

周りに過剰に同調しながら、どこかに力を入れ、緊張しながら過ごしている子どもたちの疲れは極限に達し、「首が回らない」とか「肩が凝る」、「頭が締め付けられるようだ」等の訴えがありました。表情も固く、不安気な中学生に竹内レッスンで体験した「からだほぐし」をしてきました。

その子の緊張をほぐすように、背中に手を当て、呼吸を感じてみます。固まっているなと感じたら、ゆっくり厚手のレジャーシートの上に一緒に並んで寝転がります。おへその辺りに両手で三角を作るように置き、腹式呼吸を教えながらヨガを取り入れて一緒にからだを動かします。そして次には、足の趾の間に手の指を入れて、反対の手でかかとを支えて足首をクルクル回して見せ、一緒にさせながら話しかけます。

「私たちのからだはね。皮膚でできた袋の中にお水が入っているようなものなのよ。だから、袋を揺らすと中のお水も揺れるのよ。Aちゃんのからだの中には何があるのかな?」と問いかけてみます。「血が流れている」「胃袋がある」「食べたものが……うんちも……」と思いつくことを次々に口にします。「そうそう、いっぱい入っているね。少し揺らしてみようか。みんな元気になるかもよ」と言いながら、からだを揺らしてみます。

やさしい波を伝えようとしても、真面目な子、気を遣う子はなかなか脱力ができません。「目をつむってごらん。ダラ〜ンと死んだふりをしてね」とゆっくり声をかけます。その子が私に身を任せてくれ、からだの重さをかけてくれるとユッサユッサと波が私のからだからその子に伝わっていきます。そしてしばらくすると伝わった波がこちらのからだに返ってくるのを感じることができます。お互いのからだを伝わり合っていく波を気持ちよく感じていると強張っていた子どものからだが徐々に

趾まわし

肩をほぐす

緩んでくるのがわかります。

子どもはうっとりしているような表情で、「気持ちいい〜」と言います。なかにはよだれを垂らしたり、涙を流したりする子もいます。からだがほぐれると気持ちもほぐれ、一気に思いを吐き出し、すっきりする子もいます。

足湯でほっこり

手足が冷たい子には保健室で足湯をすることがあります。バケツに四〇度程度のお湯を入れ、二〇分程度の足湯をさせています。湯加減を尋ねながらさし湯をします。そのままでも気持ちがいいのですが、足をマッサージしながら話をするとさらに気持ちがほぐれてくるので、安心して語れてすっきりするようです。教室の暖房は足元が冷えるので、子どもたちに足湯は大好評です。二〇分という時間をとるのはな

かなか難しいのですが、体験した子どもが家庭や友だちに広めていきます。

手当を求める子どもに応えたい

以前、地方紙に中学校の保健室でのかかわりを掲載してもらったことがあります。次のような内容でした。

明日から期末テストという日の放課後、「先生、助けて肩もんで。マッサージして。このままじゃテストうけられない」と、SさんとWさんが小走りに近づいてきました。二人は、二学期になってずいぶん頑張っていました。久しぶりの訴えなのでよほどのことだろうと、下校時間の間際に保健室に迎え入れました。

「上を向いて寝転んで。目をつむって。楽にして。」と二人をベッドに横たわらせました。

「家に帰って自分でできる簡単な方法を教えてあげるからね。いつでも気持ちよくなれるし、便利だよ。」と言うと、少し残念そうな顔をしたのです。

きっと、私にマッサージをしてもらいたかったのだろうと察しました。手を当ててもらう気持ちよさを私は知っているし、二人がそれを求めていることも分かっていました。

「もうひとつ教えておくね。足をお尻に近いところにおいて、膝を立てて、両手を組んで頭の下に。ひじを開いて胸を広げるようにします。そして、膝を右にバタン、左にバタンと倒します。おへそは上に向けたまま，顔は膝と反対に向けて、腰のところでからだをねじる感じで動かすのよ。」

二人は説明の通りに上手にやっていました。「うわ、ほんと、気持ちいい。治りそう。」これも効果がありそうです。

寒いから、肩に力が入り、その上、目を凝らして勉強して、肩こりもきついのでしょう。首をほぐして肩を揺さぶり、片方ずつ手を引っ張って、ユッサユッサ揺らして波を送る。「気持ちいい？」とWさんが言えば、「気持ちいいよ。」とSさん。

「これは、二人で組めばできるよね」と言うと、二人は、「うん、先生元気になれた。明日は頑張れそう。ありがとう。」と笑顔で下校して行きました。

このコラムを読んで、小学校五年生の孫を持つ女性から次のようなお尋ねがありました。

孫は、本ばかり読んで過ごしていて、朝起きると「首が痛い」と訴えます。整形外科を受診しても、「骨などに異常はない」と診断されました。「こり」かなと思い、マッサージをしてやりました。肩や肩甲骨あたりは、「くすぐったい」と受け付けないのですが、耳の下あたりの首の両側をもんでやると、「治ったような気がする」と言います。首のあたりのマッサージの方法があれば知りたいのですが……。

という内容でした。

とりあえず、文章でおこたえできることを書いて返信したのですが、一番大切なことを伝えていない気がしていました。

私は、おばあさまの孫を思う気持ちがうれしくてたまりませんでした。できればお会いして孫育てのご苦労や喜びも聞かせていただきたいと思いました。孫を大切に思うおばあさまのマッサージに勝るものはないのではと思えるのです。

きっと孫の表情を見ながら、「ここが気持ちいい？」「これくらいの強さでいい？」と声をかけ、確かめながら、マッサージをされたことでしょう。おばあちゃんだから安心して身を預けることができる。おばあちゃんの手を通してどんなテクニックもまねができないぬくもりが伝わってくる。だから、「気持ちがいい」し、「治った気がする」のだと思います。

そして、この気持ちよさは人への親切へと変わっていくに違いありません。学校で子どもたちが「私、上手なんよ」と〝マッサージ師〟となり、友だちの手当てをしている姿を見かけることがあります。

保健室での私たちも子どもたちがからだを預けてくれるほど安心感を与えられる存在でありたいものです。自分という存在が持っているそのものの力で子どもたちにかかわり、「小さな心配り」や「手当て」を大切にしたいと思います。

自分でケアする力を身につける

大人の私たちも同じですが、疲れたときは家族にほぐしてもらいます。家族に頼れないときは、治療院でもみほぐしてもらったり、鍼灸治療を受けたりします。しかし、「誰かに何かをしてもらって癒してもらうのが当たり前」ではなく、自分が人生の主人公として生きていくために自己治癒力に気づくようにかかわることが必要だと私は考えています。

「なんで、疲れてしんどくなっていたんだろうね」と問いかけてみると子どもたちは次のようなことを言います。「どこかがつまっていたのかな」「汚れたものが固まってこりこりした固まりみたいになって、それがだんだん大きくなっていくのかな」と、子どもたちは言います。

「じゃあ、どうしたら疲れがとれるかな？」と聞いて考えさせると、「汚れた固まりみたいなものをじっと動かさないでいると大きくなるから、からだをしっかり動かす」「からだの調子を整える野菜をちゃんと食べる」「お風呂でマッサージしたり、ぐっすり眠って、からだをリラックスさせる」等、どんどん気づいていきます。

こんな会話をしながら、私自身が続けている3つの健康体操（健康合宿で身につけた西式健康体操）を子どもの願いに合わせて教えています。この体操は図で示しておきますので、ぜひやってみてください。場所を問わず、静かにでき、とっても効果が高い体操です。

気持ちよさを家族や友だちに伝える

気持ちよさを味わった子どもたちは、自然にそれを大切な人に伝えたくなるようで、「お母さんがよく『疲れた』って言う」という子がいます。優しい思いを込めた波が親子の間で流れるとほっとできるいい関係が育つのではないかと思うとうれしくなります。

以前勤めた中学校で出会ったMくんは、当時一番の保健室の常連さんでした。一日のうち一時間はベッドで休んでいました。熱が出て、授業に出られなくなった日に迎えにきてもらったお母さんから、「『保健室はワルのたまり場』だと聞いています。うちの子が来たら入れないでください」と言われたことがありました。そのMくんの肩に手を触れてみるとカチカチでした。少しずつほぐし、仰向けに転ばせて、腕を持ち上げ、脱力させてブラブラ揺すってほぐそうとしたとき、気遣いをするMくんは、私の負担を軽くしようとして最初自分で手を持ち上げていました。腕の重さをぶら下げてくれないとうまく揺れないので「私に身を任せてね。死んだつもりで力を抜いて腕をぶら下げて」と声をかけ、何回も練習しました。良い子ほどこれが難しいのですが、できると信頼関係ができたなと感じることができます。

「からだがスーッと軽くなった。うそみたい。気持ちいい」。Mくんがしみじみとつぶやきました。「そうでしょう。私も初めてしてもらったとき、力が抜けなくて困ったけど、できるようになったら最高に気持ちよくなることがわかったの。だからみんなに教えてあげたいの」と伝えました。するとMくんは、「ぼくは弟に教えたい。弟はぼく以上に気を遣っている。ぼくみたいに失敗して叱られないように。頑張りすぎて肩なんかコリコリ。これをしてやったら喜ぶだろうなぁ」と話したことがありました。

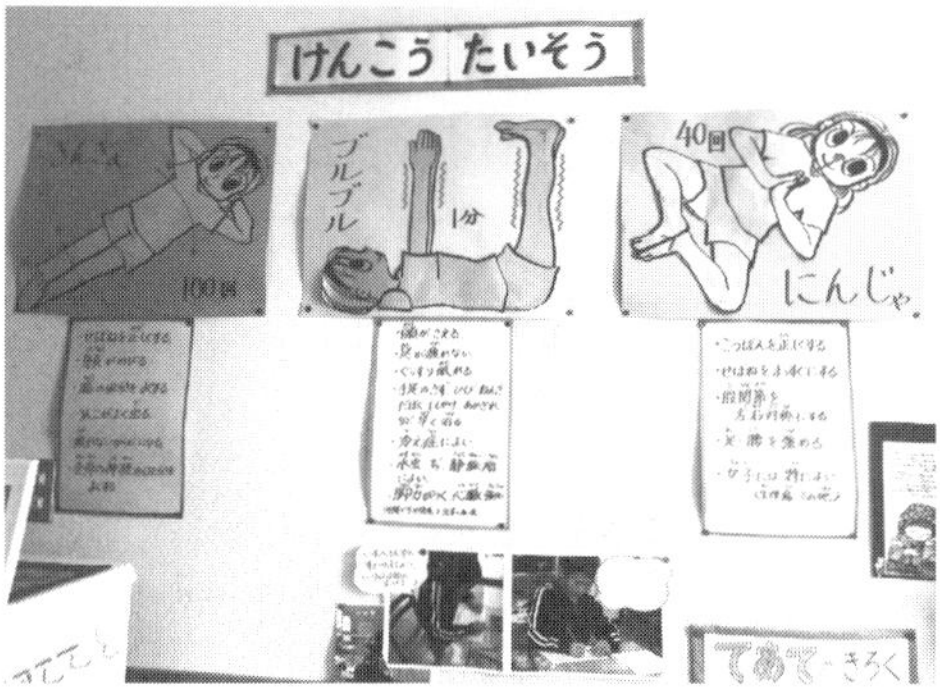

学びの場づくり……いのちの主人公として自己主張ができる子に

世界一少ない睡眠時間、自分がやりたいことより、やらなければならないことをさせられる毎日の生活。からだが自然にほぐれるような遊びや睡眠が徹底的に少なくなっています。現在のような子どもの生活の不自然さは、子どもの生命力を低下させ、疲れさせていくばかりではないでしょうか。

どんなに健康によく、疲れがとれることでも、誰かに言われてしかたなく「いやだなぁ」と思いながらさせられているのではストレスになるだけです。根本的な問題を子どもたちとも一緒に学びながら、憂さ晴らしのようなゲームやテレビ、お菓子など人工的、商業的なものでごまかされない、健康的な生活を創造していく取り組みを考えていく必要があります。私はいつもその子の夢や希望を聞きます。小さなことでも「……だったらいいのになぁ」と思っているちょっと先のことを聞いてみます。そして、その願いの実現のためにどうしたらいいかを一緒に考えていきます。見通しや目標をもって、日々を送ると疲れ方は全く違うのではないかと思うからです。

学校では、保健委員会の子どもたちと願いを語り合い、みんなの夢を実現するために役立つことを楽しく取り組めるように工夫しています。今、困っていることは何かを話し合うと、「給食中にトイレに行きたくなる子、お昼休みが終わって、みんなが掃除をするときにトイレにこもる子がいるので、毎朝気持ちよくうんこが出る方法をみんなに教えてあげたい」「マラソン大会があるから、みんなの記録が伸びて、楽に走れる方法を教えてほしい」「身長が伸びて、かっこよくなりたい」など、次々に意見が出ます。子どもたちの要望に応えて、「うんこ出すマンたいそう」を劇の中に入れた参加型の劇にして、みんなで楽しく踊りました。また、保健委員が、3つの健康体操をマスターして、劇で効果を説明しながら、全校のみんなに指導しました。みんなに喜んでもらえると、忙しくても疲れは全くないようです。「またやりたい！」と、保健委員たちは次のアイデアを次々思い浮かべて意欲満々です。

今、「子どもの貧困」の中で、子どもの疲れは、広まり深まっています。「疲れた」「しんどい」「つまらない」、そんな子どもの無意識のサインを見逃さず、その子を取り巻く人とつながって、じっくり丁寧にかかわることで、その子が生きる意欲を取り戻せるような気持ちよさに出会ってほしいと思うのです。

2

生活実態調査の結果から
心とからだを育てる授業

小学校養護教諭
藤巻 久美子

※タイトル部分のデザインは考え中です。

最初の気づき

養護教諭になったのは、今から二〇年程前。最初の赴任先は、東京都の島嶼でした。島嶼の子どもたちは素朴で、いつも明るく元気な子どもたちでした。そんな学校から二三区内の学校に異動した時、あまりの子どもたちの生活の違いに驚きました。子どもたちは日々の生活に追われ、疲れていました。私はこの時、子どもたちに生活習慣の学習をしたいと強く思いました。

私は、まず生活の実態を知るため、生活調査を行いました。その結果、四年生から、寝る時刻が遅くなること（図表1）。また、寝る時刻が遅い子どもにイライラする傾向があること。真面目な子どもには、自己肯定感が低い傾向があることが分かりました（図表2）。

中学受験のために週五日以上塾に通っている子どもの中には、行事に参加せず、何のために学校に来ているのかわからなくなり、学校でイライラして暴れてしまう子、頭痛のために鎮痛剤を分量よりも多く服用している子、起立性調節障害により登校できなくなる子など、たくさんの苦しんでいる子どもたちを見てきました。その時は、ありきたりの生活習慣の大切さの指導しかできず、子どもの心に届く指導はできませんでした。次の学校に異動しても状況はあまり変わらず、何とかしたいけれど何もできない状況に苛立ちを感じていました。

図表1　就寝時刻（10年前）

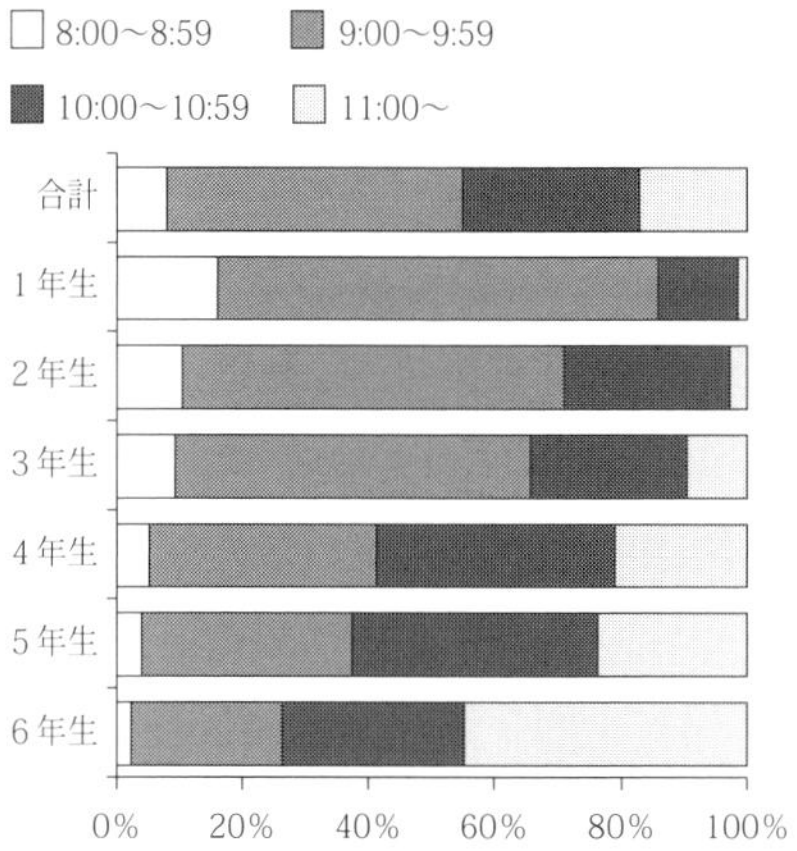

図表2　自分のことは好きですか（10年前）

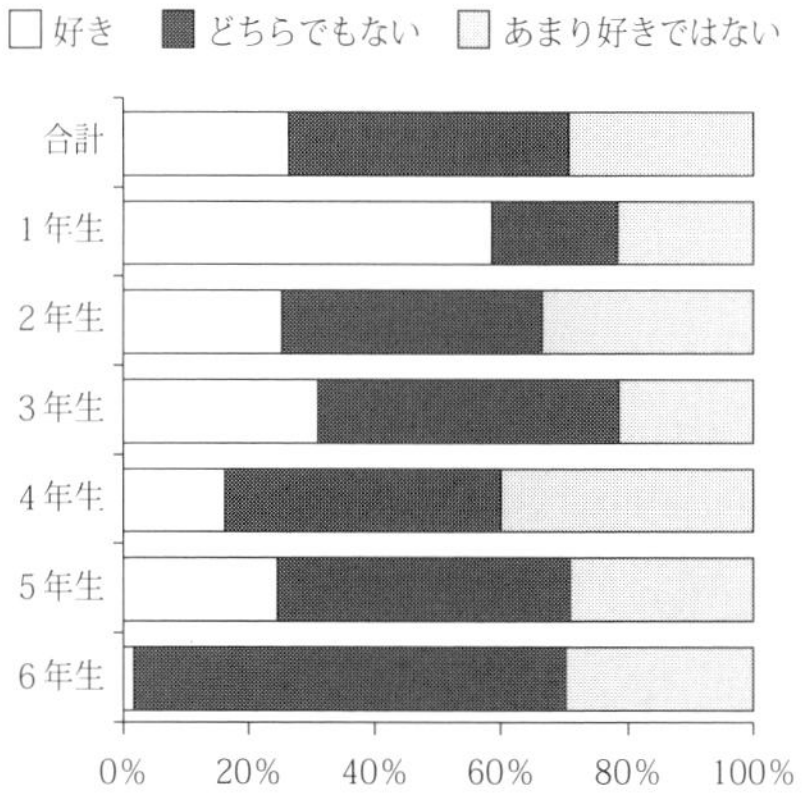

心を育てる授業

私が養護教諭として子どもたちにできることは、何かを考えました。

取り組んだのは、まず心の授業です。自分が認められている実感がなければ、子どもたちは自分の力を全部出し切ることはできないと考えました。つまり、自己肯定感を高めることが必要だということです。授業では、まず「心って何だろう？」、「心はみんなのからだのどこにあるのだろう？」と投げかけました。子どもたちからは、「緊張するとドキドキするから胸のところ？」、「考えているのは頭だから頭の中？」などの意見が出されました。それから、ゲーム形式で話によって感じる気持ち（楽しい・うれしい・怒り・イライラなど）を感じてもらいました。サイコロの目によってテーマを決めておき、班ごとにサイコロを振り、出た目によって班の人に話をし、班の人たちがどんな気持ちになるのか考えてもらいました。授業後、楽しかった話を聞くと楽しい気持ちになり、腹が立った話を聞くと嫌な気持ちになるなど、話によって気持ちがいろいろ変わることが分かったなどの感想が出ました。

次の二時間目には、一時間目にいろいろな気持ちを味わったので、いい気持ちになることに焦点を当て、友だちにいいところを発見してもらうという授業を行いました。そこで大切だったのがブレインストーミング（チーム内で一つのテーマについて意見を出し合い、できるだけたくさんの意見を出す）です。ブレインストーミングでは、他の人の意見を否定しないという約束があります。そのブレインストーミングをたくさん行うことで、子どもたちの意見は尊重され、気分よくいろいろな意見を出すことができました。また、相手が嫌な気持ちになる言葉は使わないこと、みんなとは違ったいいところをみつけるということがとても効果的でした。みんなとは違ういいところをみつけるということで、どのようなことに注目していいところを見ればいいのかのヒントをあげるようにしました。例えば、「毎日挨拶をきちんとしている」、「授業中、静かに先生の話を聞いている」、「給食を残さず食べている」など、一見当たり前のこともできていて素敵なのだと気付いてほしいという気持ちからです。授業では、一人ひとりのカードを作り、カードの中に顔の形を切り取った紙を貼り、その中にその子のいいところをみんなで書きました。その結果、子どもたちは授業の中で楽しく活動することができ、自分にはこんないいところがあった、自分のいいところはやっぱりこれだ、など自分の良さを新たに発見することができたり、再確認できたりして、自分に少し自信を持つことができたように感じました。子どもたちの素敵な笑顔がたくさん見られた瞬間でした。

更に、三時間目の授業では最近あった嫌なことをそれぞれが出しあい、そのことに対してみんなから気持ちが楽になる魔法の言葉をかけてもらうようにしました。「宿題をしようと思っていたのに、お母さんに宿題をしなさいと怒られて、嫌な

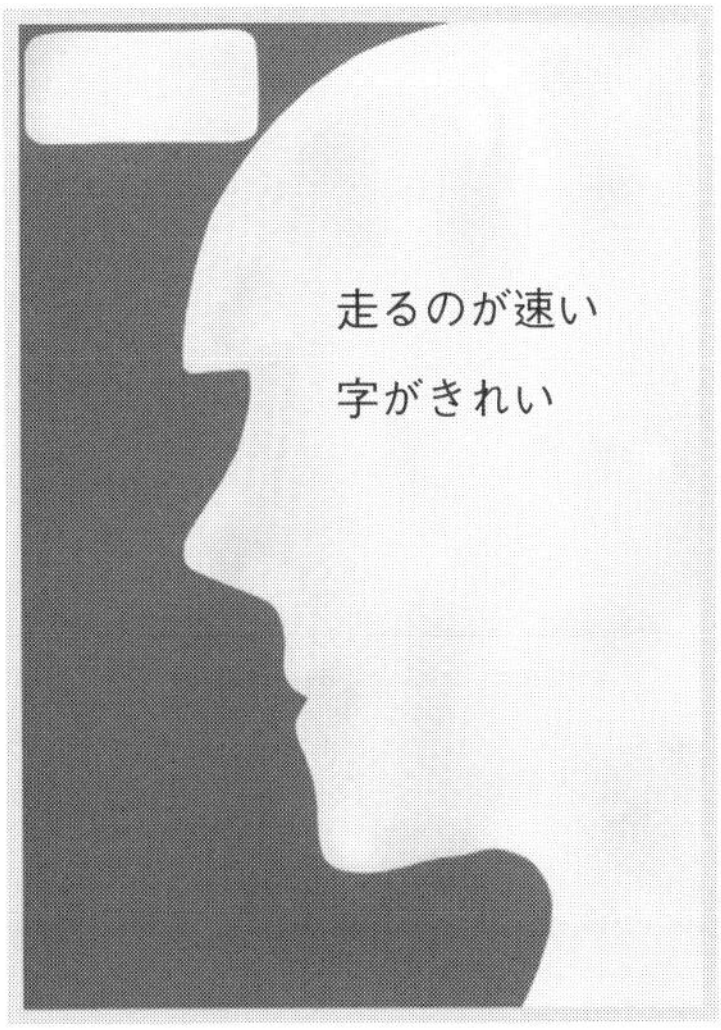

気持ちになった」、「忘れ物をしないように玄関に用意しておいたのに、忘れてしまった」、「野球の試合の時に、上手くいかず，負けてしまって、悔しかった」などの嫌な気持ちになったことが出されました。この嫌な気持ちになったことについて、「私もそんなことあったよ」、「次は上手くいくよ」、「きっと次は勝てるよ」など、他の人も自分と同じ気持ちになる、こんな考え方もあるなどの感想が出され、魔法の言葉をあげた方も、もらった方もとてもいい気持ちになったようです。

これらの授業を行ったことで、生活調査の結果で分かった真面目な子どもたちの中にいる自己肯定感の低い子どもたちが自分のいいところを再確認でき、みんなに認められたと感じたようです。それは、真面目にいつも一生懸命取り組んでいる子どもたちは、いつもきちんとできているので、できて当たり前になってしまっているためになかなか褒められないというところからきます。他の子どもたちと同じように頑張っていても、なかなか認められないのは辛いものです。そのような子どもたちが認められるこのような活動はこれからも必要だと感じました。

この授業は、担任の先生にもこのような自己肯定感を高める授業の大切さを知ってもらい、自己肯定感を高めるための指導や授業に一人でも多くの先生に取り組んで欲しいという思いから、校内研で行うことにしました。何人もの先生がこの授業をきっかけに帰りの会での『今日のキラリさん』（その日に頑張っていたことや素敵な行動を発表）や授業の中でできる範囲で取り組んでくれました。たくさんの教職員の取り組みのおかげで、子どもたちの他の子どもたちを見る見方が変化していったように感じました。そして、学校の中の雰囲気が段々と人に肯定的な雰囲気に変わっていったのです。これは、私が実践した授業がきっかけになったかもしれませんが、学校のすべての教職員がみんな同じ気持ちで子どもたちと向き合い続けたことの成果だと思います。更に子どもたちは、元々純粋で認めてほしいと願っていると思います。だからこそ、認めてもらえる環境が整ってきたことで、すぐに良い方向に変化できたのだと思っています。

子どもたちは、学校生活の中で学習や行事など、いろいろなことに積極的に取り組めるようになりました。表情も明るく、生き生きとして疲れているような元気のない感じがなくなっていきました。

生活習慣を自ら改善する授業

それでも、まだ課題はありました。やはり今の子どもたちは夜型になっているということです（図表3）。

何年も心を育てる授業をしてきて分かったことがあります。それは、心を育てる授業を行っても、心の状態が良くならず、やる気が出ない、疲れているように見える子どもたちがいるということです。

図表３　就寝時刻（現在）

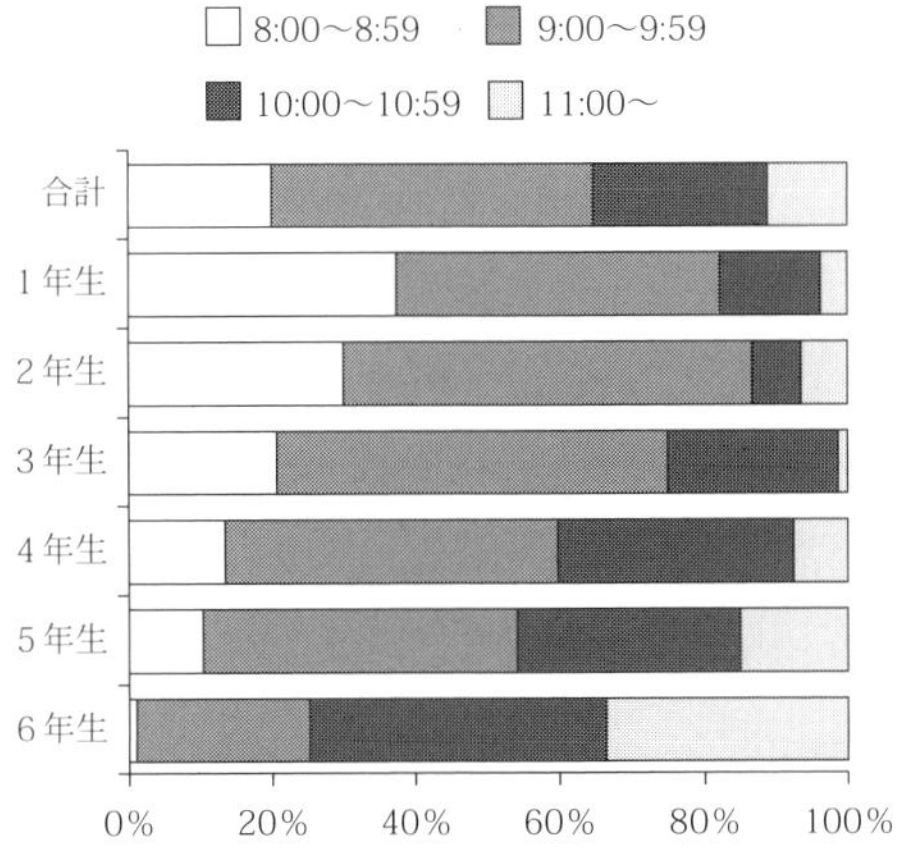

また、前にも書いたように、遅寝の子どもたちの中に、イライラして喧嘩やトラブルを起こしてしまう子が多いことです。また、お腹が痛くなったり、疲れを感じたりしている子どもたちも多くいました。心を育てることに加えて、生活習慣も改善しないと、からだも心も元気にはならないのではないかと思い、生活習慣の大切さを伝える授業を実践しようと考えました。授業は、自分のからだの状況を感じ取る力をつけさせたいと思い、まず自分のからだと心のチェックを行いました。そこで、あまりよくないチェック項目をどうしたらよくできるのか考えるのですが、自分の生活を振り返るより、他の人を振り返った方が考えやすいと考え、架空の人物の生活を例（遅寝で、元気がなく、疲れやすい、朝もスッキリ起きられない、偏った食生活の人物）として出し、「どうしてこの人はスッキリ目が覚めないのか？」、「どうして朝ご飯が食べられないのか？」などの原因をブレインストーミングで考えるようにしました。また、子どもたちに実施した生活調査の結果から、

授業の様子

生活の違いと心の状態には関係があるのではないかと投げかけました。

次の時間には、子どもたちには基礎知識として、からだと心の健康にセロトニンという脳にある神経伝達物質が深く関係していることを学習しました。脳には古い脳（脳の中心）と新しい脳（大脳）があり、古い脳は本能と言われ、呼吸、食欲、恐怖、からだ温調節など生きるために一番大切な働きをしていること、新しい脳は人間らしさの部分であり、特に前頭葉では、今までの生活経験から「恐怖」を「大丈夫」に変えていること、そこでセロトニンが大切な働き（「恐怖」の感情を前頭葉に運んでいる）をしていることを伝えました。また、そのセロトニンは規則正しい生活をし、朝日を浴びないと作られないことも伝えました。子どもたちはセロトニンの働きに驚き、だからきちんとした生活をしなくてはいけないのだと感じることができたようでした。基礎知識を学習したところで、ではどのようなことをしたらセロトニンを増やすことができるのだろうかと、ブレインストーミングで班ごとに考えてみました。そして、この二回のブレインストーミ

アドバイスシート

ブレインストーミング

ングで出た意見をアドバイスシートとしてその後の授業で活用することにしました。

三時間目、ここでやっと自分の生活の振り返りを行いました。一時間目に行った自分の元気度チェックから、もっと元気になるためにもっと良くしたい項目を一つ選びました。そこから、その項目をよくするために自分ができることを考えていくのですが、その気持ちを高めるため、大切にしたことがあります。それは、自分は一人ではないということです。この授業をするにあたり、私がどうしても入れたかったこと、それは子どもたちはそれぞれ、いろいろなやり方はあるにせよ、お家の人から大切にされ、愛されていることを子どもたちに知ってほしいということです。子どもたちは、普段の生活ではお家の人がどんな気持ちで、どんなに子どもたちを大切にしているのか気づきません。この授業を行うことで、子どもたちがお家の人の思いを少しでも知り、幸せな気持ちを味わうことで、子どもたちが自分を大切にし、お家の人を大切に思い、ひいては他人を大切にする下地を作りたいと思ったからです。実際に、私が保護者の方に行ったアンケートの内容（起きる時間の三〇分前にはカーテンを開けておく、朝ご飯の匂いを寝ている部屋にも届くようにする、早く寝るために寝る時刻には一緒に布団に入り学校であった話をしたり本を読む、見たいテレビ番組を録画してあげるなど）を読んであげると、子どもたちはお家の人が自分のためにしてくれている努力を知り、驚いていました。

とても印象的だったのは、その時の子どもたちの表情です。みんなの驚きの表情と誇らしげな表情、そして嬉しそうなキラキラした目です。この時、私はやってよかったと実感しました。もう一つは、みんなで一緒に考え、頑張るということです。一人では頑張れないことも、みんなでだったら頑張れます。そのために、前の時間までに行ったブレインストーミングで出た意見と、お家の人が行っている生活習慣を整えるための工夫をもとに作ったアドバイスシートを使いました。自分が今よりもっと健康になるためにできることのヒントを、このアドバイスシートからみつけるのです。そして、そのヒントの中から自分ができそうなものを選び、決意表明をみんなの前で行いました。

その後、一週間みんなで実践を行いました。実践は私も行い、毎日学級に行き、元気度のチェックを行いました。大変でしたが、その結果、一週間後の授業でやってみた感想を発表した時には、「朝、自分から起きられるようになった。」、「朝ご飯の味が美味しく感じた。」などの意見が出されました。子どもたちは、私が想像していたよりも遥かにたくさんのことを学んでくれたようでした。子どもたちは、それぞれの実践報告を聞き、その発表の中から自分がこれからやってみたい工夫をワークシートにまとめることで、更に自分のからだと心のために自分ができることを考えていました。

実践のまとめ

この授業を通して、子どもたちが自分で考え、自分で努力し、結果を報告し合うことで、自分の実践からだけでなく、友達の実践からも多くのことを学んだのではないかと思います。このことは、子どもたちがこれからの生活の中で自分のからだと心をもっと健康にするために自分ができることは何かを考える力だけではなく、これから子どもたちが立ち向かういろいろな試練にも前向きに努力する力になるのではないかと思いました。

また私にとって収穫だったのは、子どもたちは自分が大切に思われていると、こんなに頑張ることができるのだと感じられたことです。このこともこの授業の成果だと思っています（図表４）。

今まで紹介した授業を通して、私は子どもたちの変化を感じ取ることができました。心とからだ両方が元気でないと、頑張ることができないということ、それは大人も同じだけれども、子どもたちの方がその影響は大きいということです。そのような子どもたちに、保護者だけでなく、大人がどのくらい子どもたちの何を大切に思い、どんな手助けをしていくかが大切なのではないでしょうか。そして、それをこれからは考えていか

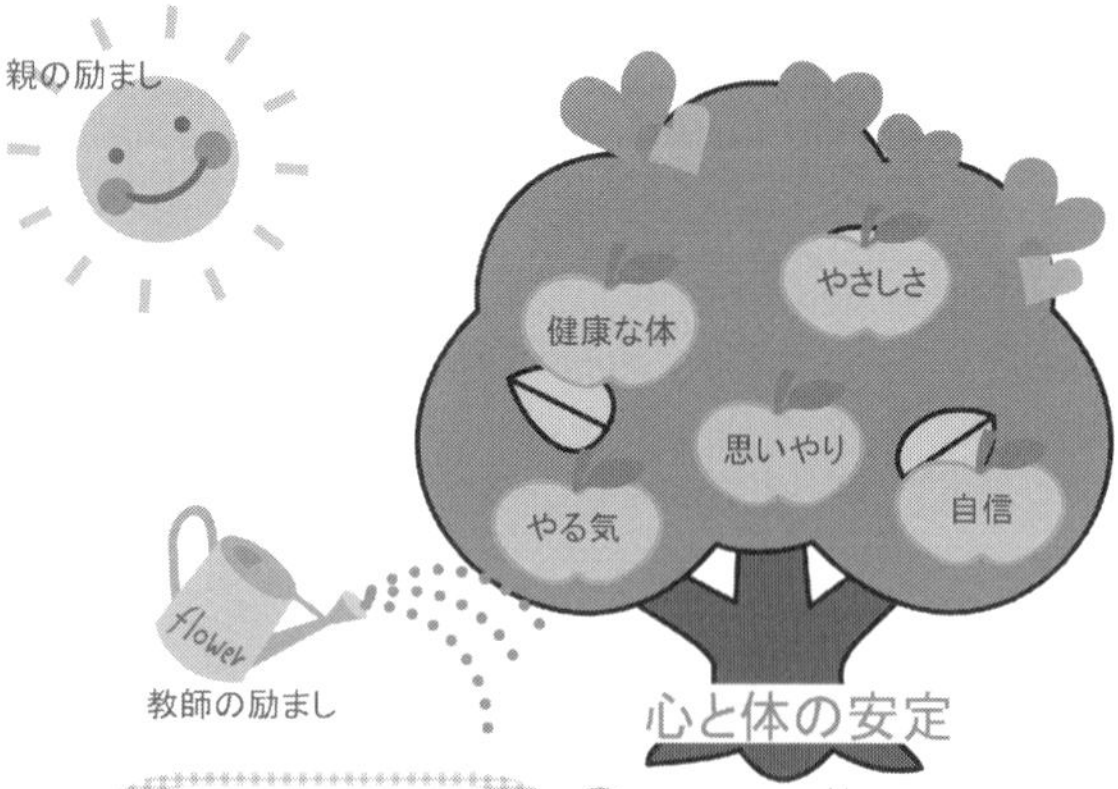

なければならないと思いました。

私は、保健指導や授業を行う時、子どもたちに身につけてほしいこと、考えてほしいことを、いかに子どもたちに印象付け、記憶に残せるようにするかを考えます。養護教諭という職業は、子どもたちに指導する機会が少ないからです。だからと言って、たくさんのことを盛り込んでしまったら、伝えたいことが伝わらず、意味のないものになってしまうと思います。ですから、私は子どもたちへの指導の仕方を考えるのにたくさんの時間を使います。私が今までに経験したことや、いろいろな講演会や本などからの情報、自分が実際経験し、「なるほど……」、「すごい！」と感じたものは、きっと子どもたちも興味を持ってくれるのではないかと思うからです。そして、時には自分の子どもたちや学校の子どもたちからも意見をもらい、指導の仕方を考えてきました。それらを活用して考えた指導のアイデアで、自分のからだと心の健康を守る力を身につけようとする子どもたちにきっかけをこれからも与えていきたいと思います。そして、前にも書いた通り、自分の努力だけでなく、保護者の方や他の教職員を巻き込み、大人みんなで子どもたちを育てていくことがやはり大切だと思うので、校内研で授業をしたり、授業の中で保護者の方に実施したアンケートを活用したりしながら、たくさんの人を巻き込み子どもたちに関わっていきたいと思います。

図表4　自分のことは？（比較）

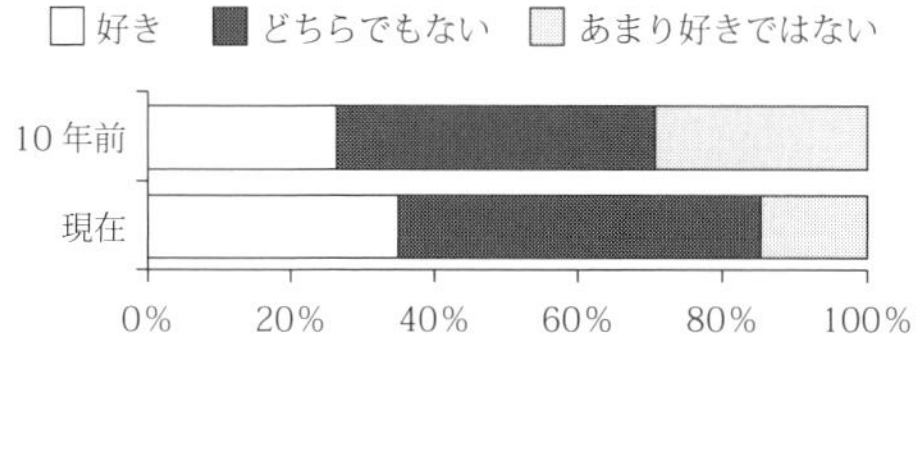

最後に

今本校の子どもたちは、朝から元気がなく、疲れていると感じることは少なくなってきました。また、生活調査の結果からも以前と比較するとよくなっていると感じています（図表５、６）。ただ、これですべて解決されたわけではないとも感じています。すでに、生活調査の結果から、低学年での夜更かしや疲れを感じる子どもが増えてきていると感じています。また、朝食を食べたくないから食べないなど、大人の生活に、子どもたちが巻き込まれているように感じています。

今、子どもたちを取り巻く環境は劇的に変化しています。情報が社会に溢れ、子どもたちに襲いかかっているようにさえ感じています。このような時代に周りにいる保護者や学校の職員などの大人が、子どもたちを守っていかなければならないのではないでしょうか。子どもたちの力をつけることはもちろんですが、子どもたちのために大人も便利さよりも大切なものは何かを考え、我慢することも必要なのではないでしょうか。それを伝えていけるのは、昔は

図表５　体の調子

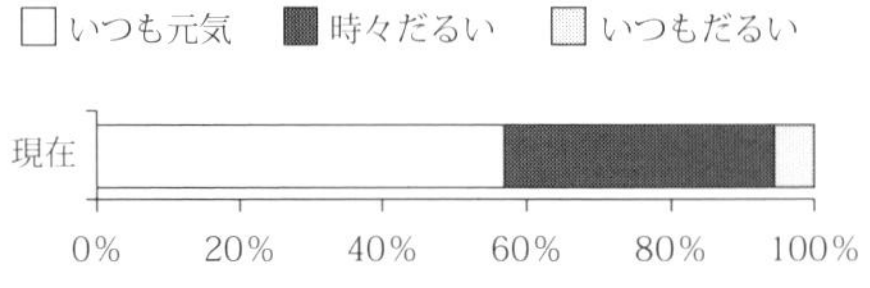

図表６　朝食摂取の変化

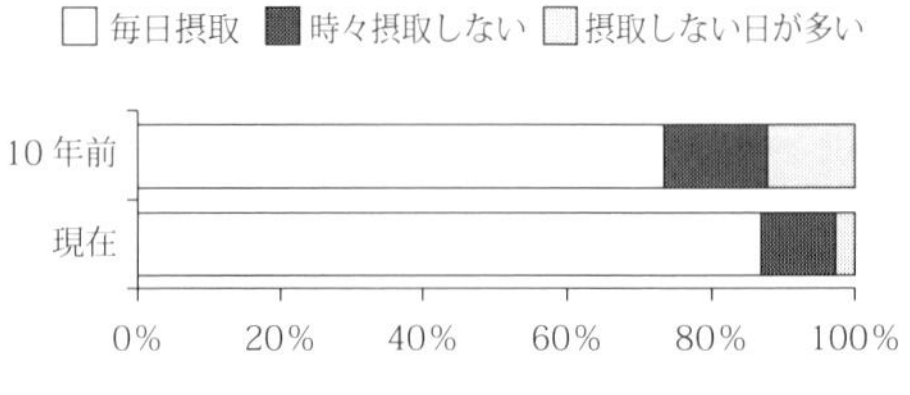

おじいちゃんやおばあちゃん、近所のおじさん、おばさんだったのかもしれません。しかし、家庭は段々と核家族化し、近所との付き合いも希薄になってきました。その役割を担う人がいなくなってしまったのです。そんな中、その役割を学校に求められるようになってきたことは仕方のないことかもしれません。学校がやらなくてはいけないような時代になってしまったのです。

時代の流れは変えることはできないかもしれません。しかし、未来ある子どもたちのため、子どもたち、保護者の方に向け、生活習慣の大切さ、子どもたちを認めることの大切さを発信していかなくてはいけないと思っています。そのために、養護教諭である私ができることは多くないかもしれません。しかし、養護教諭である私にしかできないことも、きっとあるのではないでしょうか。養護教諭としてできることは、今向き合っている子どもたちの実態を的確に掴み、もっと子どもたちが生き生きと元気に心もからだも成長できるようになるために何が必要なのかを考え、保護者や教職員に発信していくことだと思います。発信し続けることで、子どもたちのからだと心の健康のために少しでも貢献できたらと思っています。

子どもたちは宝です。一人ひとりみんないいところを持っています。子どもたちのいいところが周囲の人に理解され、子どもたちがからだや心の健康のためにできることも含め、自分の持っている力を十分に発揮できれば、からだも心も健康な素敵な大人になるのではないでしょうか。そして、そのような子どもたちが、素敵な未来を創っていってくれるのではないでしょうか。その手助けをこれからもしていきたいと思います。

3

証拠を基に子どもの〝疲れ〟を考える

日本体育大学准教授
鹿野 晶子

「実感調査」からみえる〝疲れ〟への心配

「子どものからだの調査（日本体育大学学校保健学研究室ほかによる実感調査）」は、いま追究しなければならない健康課題を浮き彫りにしてくれる大事な調査です。二〇一五年は五年に一度の定時観測の年でした。今回の結果はどのような子どもの存在を示してくれるのか、そんな想いで結果集計に取り組みました。結果は表1（「最近増えている」という実感・ワースト五）の通りです。この表は、「からだのおかしさ」に関する各事象に対して、「いる（最近増えている）」

との回答が多かったワースト五の事象です。

これをみると、「すぐ〝疲れた〟という」事象がどの年齢段階にもランクインしていることがわかります。そればかりか、一九九〇年以降の五回の調査結果を振り返ってみても、ずっとワースト五内に入り続けていたことを確認することもできます。このような結果は、子どもの〝疲労〟がこの二五年もの間、追究しなければならない健康課題として表出されているにもかかわらず、解決することができない難題であることを物語っているのだといえます。四半世紀という年月がその根深さを訴えているようにも思います。

「自覚症状しらべ」からみえる〝疲れ〟の実態

ただ、〝疲労〟というのはとっつきにくい健康課題です。というのも、自覚的にも他覚的にも、〝疲労〟を数値であらわすことが難しいからです。加えて、まったく疲労がないという状態が健康であるともいえないからです。

とはいえ、問題解決のためにできる〝はじめの一歩〟、それは実態把握です。そこで私たちは、子どもたちが、どのような疲れをどの程度有して

表1 「最近増えている」という実感・ワースト5

保育所（n=199）		幼稚園（n=104）		小学校（n=518）		中学校（n=256）		高等学校（n=164）	
1. アレルギー	75.4	1. アレルギー	75.0	1. アレルギー	80.3	1. アレルギー	81.2	1. アレルギー	78.7
2. 背中ぐにゃ	72.4	2. 背中ぐにゃ	73.1	2. 視力が低い	65.6	2. 平熱36度未満	70.7	2. 夜，眠れない	68.9
3. 皮膚がカサカサ	71.9	3. すぐ「疲れた」という	71.2	3. 授業中，じっとしていない	65.4	3. 首，肩のこり	68.0	3. すぐ「疲れた」という	62.8
4. 保育中，じっとしていない	70.9	4. オムツがとれない	69.2	4. 背中ぐにゃ	63.9	4. 夜，眠れない	67.2	3. 首，肩のこり	62.8
5. すぐ「疲れた」という	67.3	4. 自閉傾向	69.2	5. すぐ「疲れた」という	62.9	5. すぐ「疲れた」という	66.4	5. 平熱36度未満	61.6

注：表中の数値は%を示す．また，小学校，中学校，高等学校は養護教諭による回答．

いるのかを調査票「自覚症状しらべ（日本産業衛生学会産業疲労研究会、一九七〇）」を用いて調査してみました。調査は二〇〇七年と二〇〇九年に、小学三年生から高校三年生までの四三八名（男子二五四名、女子一八四名）を対象に実施されました。この調査票は、疲労感にかかわる三〇項目の症状について、自覚が「ある」か「ない」かを尋ねます。設問は一〇項目ずつの三群からなっており、Ｑ一～一〇は「Ⅰ群／ねむけとだるさ」、Ｑ一一～二〇は「Ⅱ群／注意集中の困難」、Ｑ二一～三〇は「Ⅲ群／身体局所の違和感」のそれぞれに関連した自覚症状（小木、一九九四）と考えられています。得られた回答は、「ある」を一点と得点化したり、各項目に対する訴え者率を算出したりすることにより疲労感の実態にせまってみました。

図１には、疲労自覚症状の総得点を、性別・学年別に示したものです。この図が示すように、総得点は学年進行に伴って上昇し、高校生では男子よりも女子でその得点が高くなる様子が確認できました。得点そのものに注目し、およそ二五年前に中学生を対象として同

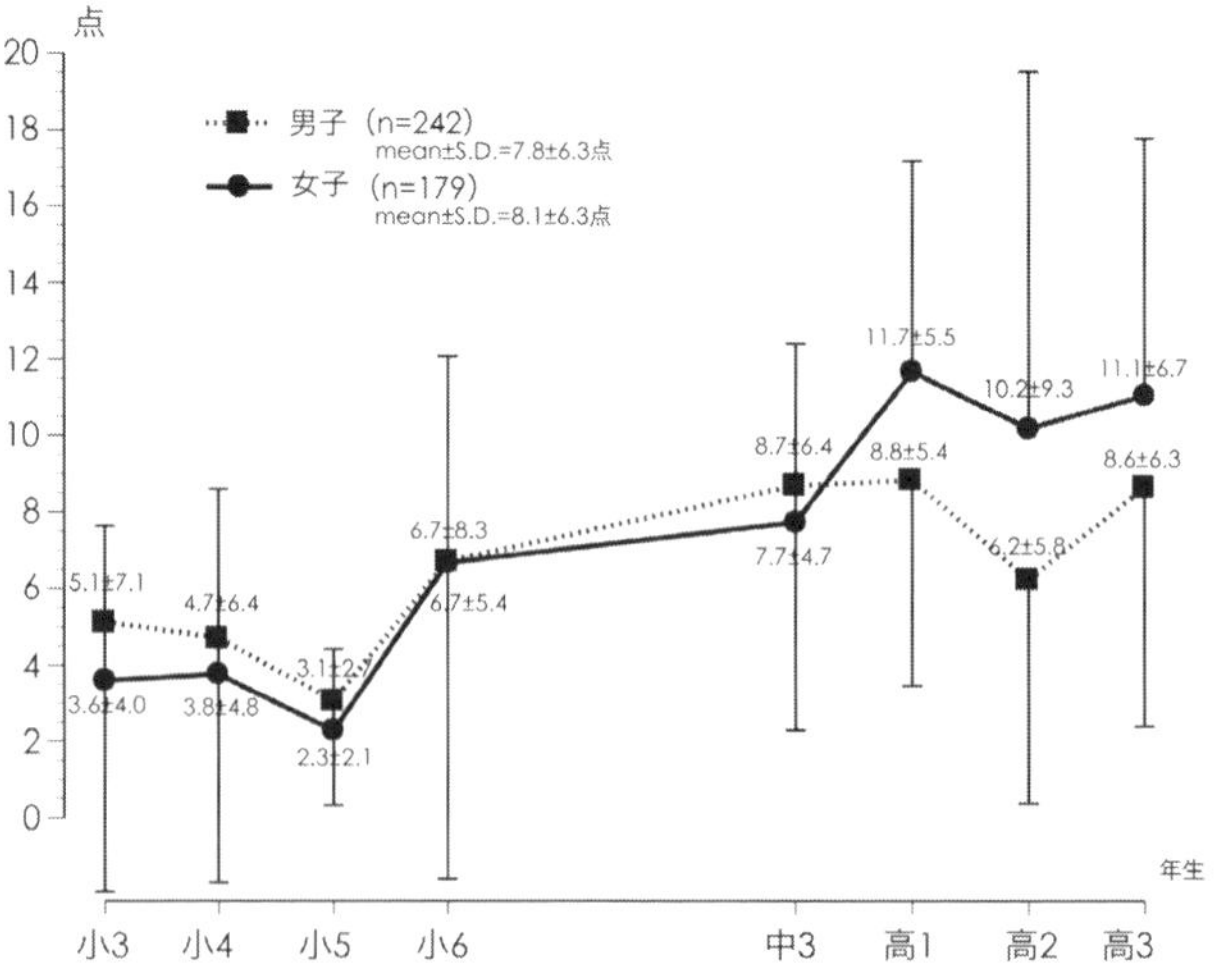

図1　自覚症状しらべにおける総得点の男女別学年推移

じ調査票を用いて実施された調査（門田、一九八五）の結果と比較してみると、先行研究では総得点が〇点の者が男子一八・一％、女子二〇・二％であったのに対して、この調査では、小学生が男子一三・六％、女子一三・五％、中学生が男子五・七％、女子〇・〇％、高校生が男子七・〇％、女子〇・〇％と、総じてその割合が低く、全体ではわずか七・四％に過ぎなかったこともわかりました。このような結果は、疲労に関わる様々な自覚症状を日常的に抱えながら生活を送っているといういまの子どもたちのからだの事情を映し出しているといえます。

〝疲れている子〟には「光・くらやみ・外遊び」

では、どのような疲れを有しているのでしょうか？　図2（次頁）には、各項目の訴え率を小学生・中高生別に示しました。ご覧のように、小学生、中高生の別に関わらず、「ねむい」と「あくびがでる」がともにワースト二内にランクし、中高生に至っては七割にも昇っていることがわかりました。このような結果は、対象者が睡眠に関する疲労自覚症状を多く抱えている様子を物語っており、最近の子どもたちの睡眠事情を一層心配させます。疲労群別の訴え率を算出してみると、小学生ではⅠ群一七・一％、Ⅱ群一五・九％、Ⅲ群一〇・七％、中高生ではⅠ群三九・八％、Ⅱ群三〇・五％、Ⅲ群一九・六％と、小学生、中高生ともに、Ⅰ群＞Ⅱ群＞Ⅲ群の順を示しました。Ⅰ群＞Ⅱ群＞Ⅲ群の疲労タイプは、航空路管制官や放送局員等、座作業の精神・神経作業者や夜勤業務者に多いことから「精神作業型・夜勤型」といわれています（吉武、一九七三)。つまり、今の子どもたちの疲れは、身体を使った後に生じる心地良い疲労とは異なり、精神をすり減らして生じる疲れ、あるいは、まるで夜勤業務をしているかのような夜型生活による疲れであることがわかりました。

　現代化にともない、昼間に思いきり身体を動かすような活動が減り、逆に、夜でも活動し続けることができる夜型生活へと変化を遂げた生活は、「疲れ知らずの子ども」から「いつでも誰でも多かれ少なかれ疲れている子ども」へと変化させてしまったといえます。ここまで明らかにできれば解決策も自ずと浮かんできます。ただ、望ましい生活習慣の構築こそが難しい課題であることは、実

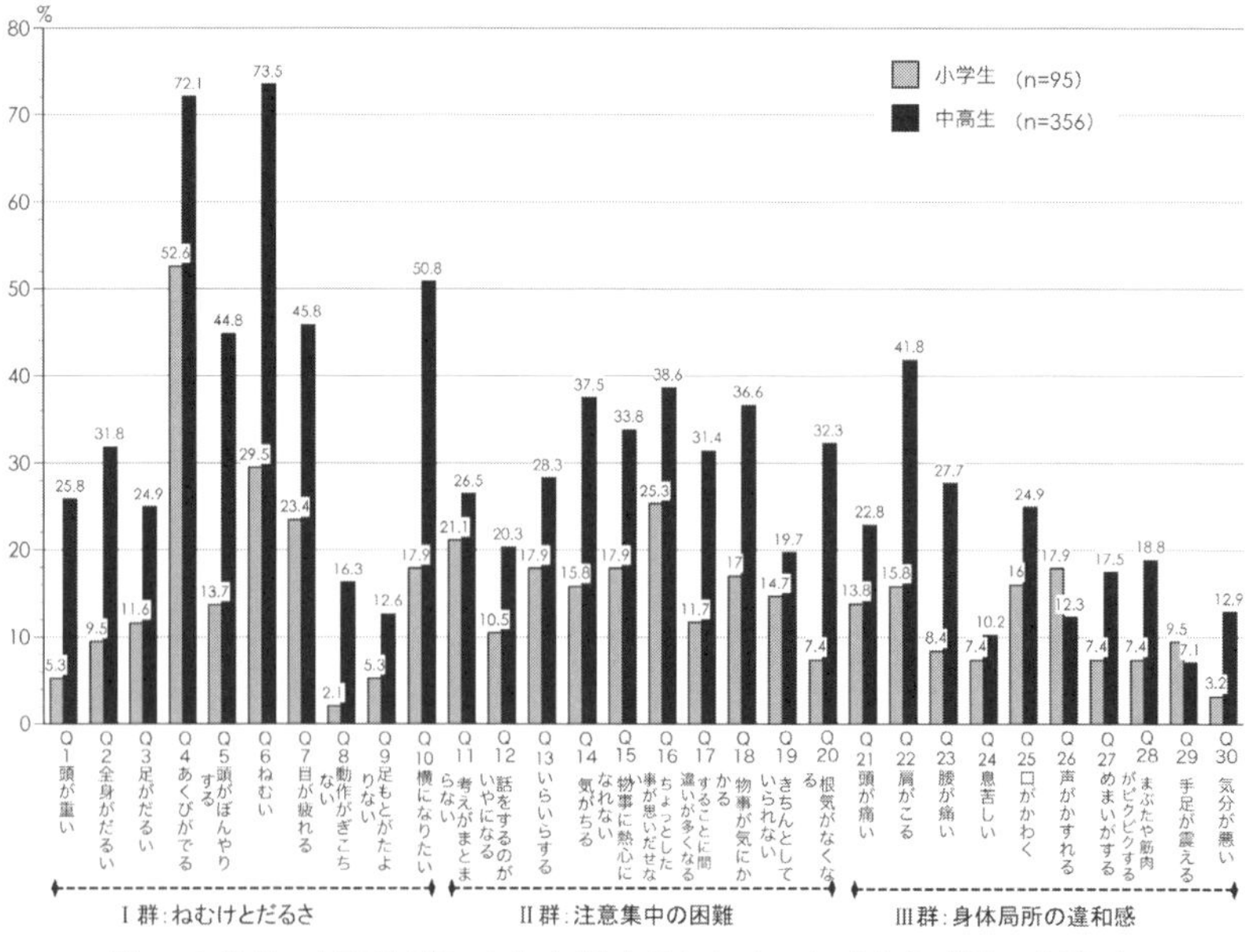

図2　小学生・中高生別にみた自覚症状しらべにおける各項目の訴え率

感調査が示す二五年間の結果からもわかります。

そのような観点で考えると、「光・くらやみ・外遊び」という作戦はいかがでしょう。私たちは、眠りのホルモン・メラトニンの望ましい分泌パターンには、日中に太陽のもとで十分にからだを動かし、夜は暗闇の中で過ごすことが大切であることを確認してきました（野井、二〇一三）。これなら、少しだけ頑張れば取り組むことができそうな作戦としてもオススメです。

〝疲れたという子〟には「明日の楽しみ」

ただ、身体活動不足や睡眠問題だけが〝疲労〟の要因かというと、そうでもなさそうです。というのも、最初に紹介した実感調査は、単に「疲れている子ども」の存在に関する実感を尋ねたわけではなく、「すぐ〝疲れた〟という」子どもの存在に関する実感を尋ねている調査だからです。そのため、やる気や意欲のなさが「疲れたぁ、だりぃ、かったりぃ」といった言葉に反映している可能性も否定できません。子どもの場合、むしろそのようなケースが多いのではないかとも予想できます。実際、西條・渡辺（一九九八）は、中学生にみられる疲労感が満足感や充実感といった生活の質と深く関わっていたという様子をある調査結果から報告しています。このような報告は、子どもが訴える疲れは心の問題、すなわち大脳前頭葉の問題にも起因していることを示唆しているといえそうなのです。

大脳前頭葉（心）ということでは、今、身体活動に注目が集められています。

神奈川県内の公立F小学校では、「朝、ボーッとしてやる気がでない」、「眠い、だるい等の不調を訴える」、「話がじっくり聞けず、何となく落ち着かない」等の子どもの様子を心配し、毎朝の登校後、約十五分間、子どもがワクワクドキドキするような身体活動を教員も一緒になって行う朝の「ワクワクドキドキタイム」の取り組みを積極的に進めてきています。そして、この取り組みが大脳前頭葉（心）を育てるのに効果があることを確認してきました（鹿野・野井、二〇一四）。朝遊びの効果はそれだけではありませんでした。子どもたちに質問紙により「ワクドキタイムは楽しい？」と聞いたところ、わずか〇・七％の者のみが「楽しくない」と回答し、それ以外の九九・三％の者は「楽しい」と回答しており、「どんなところが楽しい？」との質問には、「朝から笑えて気持ちいい」「朝遊ぶと頭がスッキリする」「朝、頭がスッキリしない時でも、ワクドキによってスッキリするところ」「目がさめるところ」「体が温かくなるところ」「朝から元気になるところ」と回答していたのです。子どもたちは、朝の主体的な身体活動を通して、からだと心の元気を取り戻していたという実践でした。

だとすると、「朝は、一時間目の前に、外遊びタイム」なんていかがしょうか。そのような時間そのものが心を育てるのと同時に、楽しみなことが待ち遠しくて〝疲れた〟といわない子どもを育てるのではと期待しています。

もちろん、中高生にとって「外遊び」が楽しみな活動になるとは考えにくいのも確かです。ポイントは、朝一番に楽しみな活動、熱中できる活動が待っているということなのだと思います。

自らの〝疲れ〟を「知って・感じて・考える」

最後にもう一つ、すぐに「疲れた」が口をついて出てしまう子どもたちに必要なことは、子ども自身がそのような自らのからだの状態を知ることも大切であると思います。疲れのない状態を感じたことがないので、それが当たり前になってしまっているように思うのです。だとすれば、まずは、「光・くらやみ・外遊び」もしくは「明日の楽しみ」大作戦を実施することにより、〝疲れ〟のない状態を感じることが元気への突破口になることを期待したいと思います。

【文献】

・門田新一郎（一九八五）『中学生の生活管理に関する研究―疲労自覚症状に及ぼす生活行動の影響について―』日本公衆衛生雑誌、三二頁・二五～三五頁
・小木和孝（一九九四）『現代人と疲労』〈増補版〉、紀伊国屋書店、九三～一三七頁
・鹿野晶子、野井真吾（二〇一四）『小学校における朝の身体活動が子どもの高次神経活動に及ぼす影響：go/no-go 課題における誤反応数と型判定の結果を基に』運動・健康教育研究、二三頁・三～一一頁
・日本産業衛生協会産業疲労研究会疲労自覚症状調査表検討小委員会（一九七〇）『産業疲労の「自覚症状しらべ」（一九七〇）についての報告』労働の科学、二五頁・一二～三三頁
・野井真吾（二〇一三）『新版からだのおかしさを科学する』かもがわ出版
・西條修光、渡辺光洋（一九九八）『中学生の疲労感と生活の関連について』疲労と休養の科学、一三頁・一一九～一二八頁
・吉武　博（一九七三）『産業疲労―自覚症状からのアプローチ―』労働科学研究所、二一～三三頁

4

共育て、共育ち　親子で元気になろう

私立保育園園長
小林　令子

今、保育士の不足と保育所の不足が、並列で取り上げられています。保育士不足は、資格を持ちながらも保育士として働かない「潜在保育士」が約八〇万人もいるそうです。ではどうして資格を持ちながら働かないのでしょうか。国が調査した結果は、一番が、賃金が低い、そして、長時間労働をあげています。国では、待機児童対策を解消するために、今やっと保育士の賃金向上を具体的な数字をあげて対策を取り始めています。

保育士は国家資格となり十数年が経ちます。社会から認めてもらえる専門性を確立していく努力が必要だと思います。

私の保育所では、二月に発表会を行っています。〇歳児から五歳児まで全クラスが行います。事前にアンケートを取り参加される人数を把握し、より良い環境で観ていただけるよう工夫しています。二〇〇名以上の方が観覧に見えます。各年齢の発達を押さえた発表と、今年楽しんできた保育の様子を観てもらいたいと職員は、張り切ります。このように専門性を発揮している一端を知ってもらいたいと発表会の挨拶でも話しています。また、劇や合奏は、主役は作らず、どの子も輝いて見えるように演出に配慮をしている様子を、観覧している皆さんに伝えることにより専門職としての保育者を知ってもらい、また保護者の皆さんが帰宅途中や家に帰ってからたくさん褒めていただく言葉があることにより明日への保育に繋がり〝共育て、共育ち〟の基盤となると思っています。

大きくなったよの会　発表

オペレッタ　野菜パーティ

子ども・子育て支援制度が法制化

厚生労働省より「子ども・子育て支援新制度」が法制化されました。内閣府・文部科学省・厚生労働省から出されている、「子ども・子育て支援新制度なるほどＢＯＯＫ『すくすくジャパン』」のはじめに「子ども・子育て支援新制度は、量と質の両面から子育てを社会全体で支えます。」と書かれています。法制化されて、二年が経過する中で、「量」はどのように変化したのでしょうか。

「すくすくジャパン」の中では、『必要とするすべての家庭が利用できる支援を目指します。』と言っていますが、いまだに待機児童が解消されていません。

「認定こども園」（幼稚園と保育所の機能や特徴を併せ持ち地域の子育て支援も行う施設）の普及率は、平成二七年四月、幼稚園数一二九〇五か所から移行園数は、六三九か所、保育所二四四二五か所から一〇四七か所。平成二八年四月は、幼稚園から四三八か所、保育所は、七八六か所と、この二年間でわずかに八パーセントの推移。特に幼稚園側の移行が思ったほど推移していないことを感じます。このことは、今、一才児、二才児の待機児童が解消されない要因ともなっているように思います。

「質」はどのように変化したのでしょうか。

『子どもたちがより豊かに育っていける支援を目指します。』の中で、職員の配置改善、処遇改善を質の向上とこの制度では言っていますが、一方で、保育所に対しての規制緩和により保育所の質は、児童福祉法の最低基準の見直しもなく企業内保育所、地域型保育所（保育所原則二〇人以上より少人数の単位で〇～二才の子どもを保育する事業所）を設置している状況があります。小規模や企業がすべて「質」が悪いわけではありません。職員の配置人数や処遇が良くなかったり、園庭がなかったりすることにより、すべてそこにいる子どもたちに影響することばかりです。もちろん乳幼児期は、人的条件が良くなり改善されることが、「子どもの最善の利益」を保証してもらえる条件の第一歩です。

また、この新制度は、幼稚園と保育所が一元化に一歩前進はしたと考えられるものの、乳幼児期の子どもたちの育ちや環境について置き去りにされながら制度ばかりが先行しているように思います。

四〇数年間現場一筋できました私としては、子育て環境の変化も現場で感じながらも、変化しなければいけないことや、変化してはいけないことを後輩や保護者に伝えてこられなかった今、少しでも文章にできればと思い筆を執ることにしました。

保育所保育指針

保育所には、「保育所保育指針」という「幼稚園教育要領」に準ずるものがあります。以下経緯について少しお話いたします。

幼稚園は、「幼稚園教育要領」昭和三一年作成昭和四〇年文部大臣告示となりました。

一方、「保育所保育指針」昭和四〇年作成されたものの指針として目安にすることにとどまり、保育所全般に行き渡ってはいなかったのです。

この間幼稚園教育要領改訂に合わせて、保育所保育指針も改定をしてきました。特に、平成二〇年の改定は、子どもや子育て家庭を取り巻く状況は、子どもにふさわしい生活時間や生活リズムが作れない、子どもの生活の変化や子育てに不安や悩みを抱える保護者の増加、養育力の低下や児童虐待などが指摘されてきた時代です。

また、保護者の多様な働き方や地域における子育て家庭への支援の担い手としての保育所の役割が重要になってきました。

一、保育所の役割の明確化

保育所の社会的責任（子どもの人権の尊重、説明責任の発揮、個人情報の保護等）

二、保育内容の改善

「養護と教育の一体化」という保育所の特性の明確化・小学校との連携

三、保護者支援

保護者の養育力の向上に結び付く支援、保育所の特性を生かした地域向け支援

四、保育の質を高める支援

「保育課程」幼稚園教育要領との整合性を持たせた内容にする。保育の計画及び評価を行う。

このように、「保育所保育指針」は、告示されることにより幼稚園と同等の扱いになりました。

しかし、社会的には、教育は保育園にはないと思っている傾向が強く根付いています。というのも私たち先輩保育士が行ってきた保育をきちんとした形で実践の見直しを行い報告や研究という形の数が少なかったからではないかと反省しています。

また、「養護と教育の一体化」は、特に、乳幼児期の教育は、遊びにありと主張しながら「体力づくりとは」について、勉強したり「遊びの研究会」を発足したりしてきました。どれも現在も乳幼児期の子どもにとって遊びの中から体得する教育的要素は、絶大なものだという考え方には変わりません。保育士は、その内容を意識的にそして、計画的に関わることにより専門職としての所以となると思います。

例えば、二歳児ならば、遊びながら身の回りにあるもので大小を知る。名前は、はじめは、絵マークで徐々に自分の名前を文字で知るようにする。五歳児には、就学が目前にあるので、より具体的に、名前が書けるように、作品に名前を書いたり、自由画帳で練習したりその中で間違いや鏡文字を訂正し読むことに興味が持てる子には、童話を用意してあげ友だちに読んであげる機会を作る等、遊びと生活が密着する中で行ってきました。意識せずにいると通り過ぎてしまいがちな生活の中で行ってきたことは、保護者によっては、保育園では教育的なことを何もしてくれていないと感じていた方も多かったと思います。また、目に見える形でない遊びから学ぶことへの評価も切り離して考えられがちです。特に乳幼児期の子どもにとって遊びからの学びは、多大です。〇歳児は、すべて遊びと生活から学ぶと言って過言ではないと思います。

〇歳児がものをなめる行動は、その物の形状を知ることに役立っています。「なめたらだめ」

ではなくなめても良いように、常に危険物は排除し清潔にしておくことが大事になってきます。歩けるようになると虫を見つけたり、石を拾ったり、砂を食べたりして、口に入れたらまずい物を知り、質を学んでいます。この行動に関して、養護が登場します。危険物排除、清潔、等を行うとともに、情緒面の発達も考えます。

「お花がきれいね。虫さんだね。」自然界の生き物に触れたり言葉かけをしたりして命のつながり、命を大事にすることを体験を通して伝えてきました。そして現在も行っています。

前段でも書きましたが、保護者の方や世間の保育所の見方は、より具体的に、活動内容が明記されていることを望む時代になっています。幼稚園での教育、特に三歳以上児は、この幼稚園との整合性の中で、保育所の一日の暮らしの中にも、正課（曜日や時間帯を決めて行う等）として学習を設定してほしいと望む傾向がある昨今です。

私が今運営している保育所でも正課として、体育遊び、絵画造形を三歳以上児に取り入れています。四歳以上児には、この他に、英会話レッスンを入れています。どれも週一回、専門講師にお願いしています。時間帯は多少年齢により持続時間もあるので長さに変化を付けています。保護者の方からは、評判が良いようです。正課が嫌で休むという子はなく逆に保護者が平日休みでもこの正課だけ受けたいと登園する子どももいます。保育所側としては、家族と一緒に過ごす時間もこの時期は大切にしてほしいと思いながらも短時間で帰る選択もありと認めています。

保育所の保育士もいろいろなことを大学や短大で学んできています。専門の講師から学んだ正課を子どもたちの日常の保育にどのように繋げていくかがこれからの当園の課題かと思っています。「保育所保育指針」全般の話に戻ります。

改定の方向性と課題

今また、改定に向けて中間とりまとめが厚生労働省社会保障審議会児童部保育専門委員会より公表されました。

今回の改定の要旨は次の通りです。

・「子ども・子育て支援新制度」が施行された事

・〇～二歳児を中心とした保育利用児童数の増加（一、二歳児の保育所利用率／平成二〇年二七、六％・平成二七年三八、一％）

・子育て世帯における子育ての負担や孤立感の高まり、児童虐待件数の増加（平成二〇年四二六六四件・平成二六年八八九三一件）

改定の方向性について

一、乳児・一歳児以上三歳未満児の保育に関する記載の充実

二、保育所保育における幼児教育の積極的な位置づけ

三、子どもの育ちをめぐる環境の変化を踏まえた健康及び安全の記載の見直し

四、保護者・家庭及び地域と連携した子育て支援の必要性

五、職員の資質・専門性の向上

以上の時代背景を受けて、平成三〇年から施行予定です。

私たち現場の保育士は、中間とりまとめを受けて園内研修において、「養護と教育はどうあるべきか」などをテーマに実践から学び直す作業を丁寧に行う時期が来たと思っています。

このことを行える時間と方法を作り出すのが私の役割となるようです。また、このことを保護者や地域の皆さんに周知する方法も今後の課題となると思います。

保育指針の具現化

保育園では、節目の行事に保護者のみなさんに参観や参加をお願いしています。今は、保護者のみの参加に止まらず多数の家族の方が、一同に会して頂ける機会となりますので、園長として、子どもの成長の特徴や子育てで大切なことなどを短い話の中に盛り込むようにしています。

唐突ですが、私は、晴れ女です。園長職に就いてから三〇年以上「運動会」

運動会

に雨が降ったことがありません。ただいま記録更新中です。

「運動会」の初めの挨拶の中で、昨今競い合うことを特に徒競走を行わない所もあるようです。勝ち負けに異常な反応を示しているように思います。勝敗は、勝てば、高揚し、チャレンジ精神を呼び起こします。負ければ、悔しい、次には勝つと自分を励ます原動力になります。リレーは、個人プレーではなく次の人に繋げなければなりません。バトンをもらう期待と不安、次に渡す躍動感があると思います。

園児が描いた旗

継承されてきた競技パラバルーン

また、発達支援児が数名参加しています。どの子も練習の時から勝ったり負けたりに影響するのに「Bちゃんのせいだ」となじる子はいません。保育園は一緒に長時間生活する場です。健常の子どもは、優しさを身に付け、発達支援児はエネルギーをもらい成長に繋げます。

当園の特徴を理解してもらいながら話を進めていきます。そして明日への保育に繋がるように、「頑張ったね。」「楽しかったね」と褒めたり励ましたりしてほしいと伝えます。

そして、「親子で楽しむ運動会」保護者参加型を行っています。共育て、共育ちを実感していただく場となります。また、継承していく競技として、四歳になったらパラバルーン（円形の布のふちをもちリズムに合わせて上下や回転をする）ができる。五歳になったらソーラン節が踊れると先輩の競技を受け継ぎ伝承していくことも大事だと思っています。子どもたちは、先輩の競技を見ながら摸倣し、来年僕たち私たちは、あれがみなの前で出来ることを楽しみと期待感を持ってみています。

そして職員は、早くから取り組み始め、子どもたちに負担なく当日が迎えられるように配慮しながら取り組んでいます。「運動会」という行事の中には、子どもの成長の喜びの共有があると思います。

地域の子育て支援につなぐ園庭解放

「保育所保育指針」では、地域の子育て家庭への支援が保育所の役割の一つとして位置づけられています。

「遊びに来ませんか」「保育園で遊びましょう」と名称はいろいろですが、育児休業中の方、専業主婦で子育て中の方、未就園児の親子を対象に、月一回行っています。アンケートから園庭解放を希望される方が多くいたので、同年齢のクラスが出て遊ぶ時間帯に、来園してもらい親子で砂場や三輪車、ボールあそびなどを楽しんでいただいています。在園時は、親子で遊ぶ姿に、あまり違和感を持たずに一緒に過ごしています。また、今年から看護師が加わり相談内容も多岐にわたるようになりました。試食会も設け保育所の乳児食を試食してもらっています。そのような中で、離乳食の話や偏食があるお子さんの相談なども出てくるようになっています。相談事業は、このような形で自然とできることが大事だと考えています。

発達をつなぐ小学校との連携

保育所が就学に向けて五歳児クラスで取り組んでいることは、まず午睡を無くし学校生活に移行する準備として、文字や数に対する概念をより具体的に行うこと、机上遊びを学校の一時限に近づけるよう実践しています。

具体的には、昼寝をしていた時間を有効に使う消防署見学や園庭遊びや好きな遊びの拡大を図っています。

子どもたちは、字を書くことが出来たり、読めたり、数字が書けたり、計算が出来たり、する傾向が早まってきていますが、この事には、個人差があります。今保育所では、どこまで、行えばよいのか悩み多き課題となっています。この事については、今後学校との連携の中で、議論できる機会がほしいと思っています。

「保育所保育指針」の中では、幼稚園との整合性を持って就学を迎える幼児として、「保育所児童保育要録」が、平成二一年から全国の保育所と学校の連携の第一歩として繋がる保育が始まりました。

この年から小学校側からのアプローチも多くなり保育所に訪問してきてくれたり保育所側が学校訪問をしたりの交流が始まりました。そして今、地域の中で、幼稚園、保育所、小学校が積極的に繋がる方法として研究会の開催や見学会を行っています。

子どもの最善の利益を ――養護と教育を・豊かなあそびを

制度的な話が多くなってしまいましたが、今変わろうとしている乳幼児期の子どもの在り方を理解していただく中で、子育てそのこと事態の変化はしていない状況を知ってもらいたいと思います。しかし子どもを取り巻く社会の変化には、敏感にそして速やかに対応していく必要があることを私たち大人が理解し行動することが今、急務になってきていると思います。

「子どもの最善の利益」を考えたとき保育所だとか幼稚園だとかそんなことを考えているわけにはいきません。乳幼児期の子どもから「養護と教育」を考えたり「遊び」を考えたりし、次世代を担う彼らが意欲的に生活していける時代作りを急がなければ、これからの少子高齢化時代を切り抜けていけないと思います。

そして、そのためには、子どもだけで元気に過ごすことはできません。養育している大人も元気でなければこのことは成り立ちません。

私たち保育所はもちろん乳幼児期に関わる人々は、常にこの両者の均衡が保たれるように、意識的にそして積極的に、「共育て、共育ちに」係わっていかなければと思っています。

（文中写真　保護者提供）

5

楽々　元気作戦！

中学校　養護教諭
膝館　ひろ子

生徒のつぶやきをひろって考える

保健室には負傷者だけでなく、息抜きに来たり、特に理由もなく何となく来室する生徒が、何人もいます。

何日かしばらく保健室をのぞき、様子を見に来た後、話しても大丈夫かなと思った時に、「先生、あのね……」とつぶやくようにしゃべりはじめます。

生徒の悩みはさまざまです。友だちとの関係、勉強の悩み、親への不満、成長の不安など、困った状況はそれぞれ違っています。自分では、どうしたらよいのかわからない状態で、胸に抱えこんでいる悩みをぼそぼそっと、つぶやき始めます。

養護教諭の私は、そんな時には一緒に考え悩み、どうしたら少しでも楽にしてあげられるのか、いい解決方法はないものかと、あれこれ知恵をしぼります。もちろんすぐに解決できることはありませんが、とにかく真剣に聴いてあげています。話の内容によっては、週三日間だけ、市で委託派遣されて勤務している専門のスクールカウンセラーにつなぐこともしばしばあります。

そんな時、いつも思うのは、「とりあえず今、この子のしんどい気持ちを少しでも楽にしてあげられたらいいのに……」という思いでした。

養護教諭という仕事上の特権で、スキンシップを兼ねて、肩をもんであげたり、ツボ押しをして、緊張をほぐしたりもしていました。何よりも「生徒自身が主体的に、簡単に自分でできるストレス解消方法」があればいいのにという思いが、ずうっと、ありました。

〝笑うこと〟の重要な意味との出会い

そう思っていた矢先の夏休みに、『笑顔には免疫力をアップする効果がある』という番組（TBS「はなまるまーけっと」）を自宅で、たまたま観たのです。これは、教材につかえると思い、録画しました。

内容は、笑顔には、腹の底から笑う笑い「ラフ」と、ほほえむ笑い「スマイル」があるということ。笑いには免疫力をアップし、がん細胞をやっつけるNK細胞（ナチュラルキラー細胞）を増やす働きがあるということ。リラックスした時に出るアルファ波が、笑うことでたくさん増えるというものでした。

そして、笑顔には「作り笑顔」でも、脳がインプットして、効果があることが、科学的に証明されたというもので、スマイル効果と、笑い方の体操を紹介したものでした。大変興味深い内容でした。

そういえば、生徒の思いっきり笑った顔が思い浮かびません。保健室にやってきた生徒のつぶやきは、聞き逃さないように、しっかり聞いているつもりでいました。しかし、笑ってすっきりした顔をしていただろうかと思うと不安になりました。

保健委員会活動で取り組みのテーマを共有

生徒のつぶやきを理解することをもう一度ていねいにやりなおさなければならないと思いました。つぶやきと内面の表現「笑う」を考えてみたいと思いました。教材にしてみよう。これを私なりにアレンジしてみよう。おもしろい！　これはなかなかいけるかもしれないとやる気がわいてきました。

「はなまるまーけっと」の録画を保健委員会活動の時間に生徒に観賞してもらってみました。

生徒の反応は、私が想像したとおりでした。「笑顔で、楽しく元気になれば、最高！だね」とわいわい発言しているのです。

「全校のみんなが、どのくらい笑っているのか調査をしてみよう。笑っているのかなあ。気持ちを外に出さないで押し込んでいるかもしれない。笑って気持ちをごまかしていることってあるよね。笑いも武器みたいなことってあるよね。対抗できないときにあざ笑うことってあるよね。笑うことって大事だよってみんなに教えたいよね。先生方は笑っているのかなあ。気になるよね。一番人気のない、生徒指導主任の先生って笑っているのかなあ。生徒をいつも怒って指導しているばかりじゃない。先生にも笑ってほしいよね。本当に気持ちよく笑うってどういうこと……。」

こんなにも笑いの意味を考えた発言がいっぱいでました。生徒の発言を集約して、みんな一致で、「楽々元気作戦！」のテーマで発表しようということに決まったのです。生徒の発言を聞いていて、養護教諭として幸せな気持ちでした。生徒と取り組みを通して気持ちも考えも共有できたからです。

とりくみのはじめはストレス調査――ストレス対処療法

まず、はじめに取り組んだのは、ストレス調査です。生徒がどのくらいストレスを抱えているのか、カウンセラーの協力を得て、ストレス状況調査を行いました。私は、ストレスと笑いは深い関係があるのではないかと思っていたからです。

そして、臨床心理士を講師に招いて、全校生徒対象にストレスマネージメント（対処療法）を実演してもらい、生徒には実際に体験してもらいました。

薄暗くした体育館で、四五〇人の生徒が寝転んで、リラックスの体位をとってみます。自律訓練法という方法です。腹式呼吸　からだを力んでみたり力をぬいてみたりの練習。目を閉じて静かに呼吸する。自分を実感する。静かな音楽を聴く。宇宙を描いたり空想する。そんなリラクゼーションを体験することで、生徒たちは、いろいろ感想を書きました。

「僕は、ストレスがないと思っていたけど、体験したらストレスを持っていたということが分かった。」

「寝ることが、一番のストレス解消法と知って、びっくりした。」

「音楽を聞くとか、歩くとか、人によってさまざまな解消法があることがわかって、とても参考になった。」

生徒たちは、意外と知っていそうで、知っていなかったり、分からなかったことがわかったということで、好評でした。

生徒たちは、『ストレスとは？』の壁新聞を作って廊下に掲示してみんなに観てもらうようにしました。笑顔の絵も描いていっしょに掲示しました。このあたりから、私の養護教諭としてのとりくみと、保健委員会の生徒のとりくみのはじめの一歩が重なってきました。

休み時間は、壁新聞の前は人だかりになって、関心を持って観ていることがわかります。ストレスのアンケート結果を新聞で配布しました。。

秋の文化祭での舞台発表――楽々元気作戦

ストレス調査・笑いの調査・笑いの効果や科学的裏づけの学習のまとめの集約として時間をかけて生徒たちはがんばってまとめました。保健委員会の時間以外にいつも保健室に集まって仕事をしていました。まとめたものを、さらに脚本として作っていきました。

調査の段階は、調査項目や調査用紙の作成。調査項目もひとつずつ、調査をすることで何を知ろうとするのか討議しながらの作成でした。まさに苦労して作っていく段階です。調査の集計は、面白い結果がでると、熱も入り、にぎやかにまとめて行きます。

これらの集計をどう使って脚本にして訴えていくかの段階は、まさに文化的な取り組みになっていきます。脚本を劇として演技を入れながらの発表の練習の段階に来ると演劇部のような分野のとりくみに発展していきます。

このプロセスは、生徒が生き生きとした活動として高まっていく時間の流れです。発表の中身のまとめとして、生徒が学び、わかったことを、全校に訴えみんなにもわかってもらおうと企んだ総仕上げです。段階的な高まりを、私は、そばにいて実感していました。生徒の成長を目の前にして、養護教諭としての喜びです。

楽々元気作戦ステージ発表のはじまりです。

「レディース　エンド　ジェントルマン。保健委員会の「青春ＢＯＸ」は、みなさんからの疑問・質問に答えるためのＢＯＸです。さて今回は、何が入っているでしょうか。さっそく青春ＢＯＸをあけてみましょう。」

と、ステージの司会者の歯切れのいい挨拶からはじまりました。

「えー、手紙を読みます。今年の文化祭のテーマは、〝輪〟です。手と手をつないだ人の輪が浮かびました。そして、手をつないだみんなの顔に似合うのは、笑顔だなあと思いました。そこで思いついたのは、『笑う角には福きたる』といいますが、本当に笑うといいことがあるのか調べてほしいのです。正直に言うと、私は笑ってもいいことがあるのかなあと疑問に思っています。笑顔にはいい効果があるのか調べて教えてくださいということです。」

劇はもう導入の部にうまく入っています。構想を練って、プロローグの部分で興味を持ってもらえるかが決まるといっても過言ではないくらいです。面白い出だしで、まずは成功を導いているとほめてあげたいぐらいです。展開場面でもおもしろく発展しています。

「笑顔の効果の調査の依頼がきているので、調査をお願いします。おまかせください。笑いの効果ということは、笑顔の研究で有名なニコニコ博士をを呼んできましょう。さっそくですが、笑顔には、どんな効果があるのか教えていただきた

写真１

いのですが。資料をそろえてありますのでご覧ください（写真１）。」

笑いには、おなかをかかえて笑うＬａｕｇｈ（ラフ）とほほえむＳｍｉｌｅ（スマイル）があります。笑うとどんな効果があるでしょうか。ひとつは、笑うことで血液の流れがよくなり血液量が増えます。写真２は、脳の血液量を比べたものです。笑う前の血液量と笑った後の血液量の違いがわかりますね。

写真３は、脳のアルファ波を調べたものです。笑った後のほうが、アルファ波が広がってリラックスしていることがわかります。

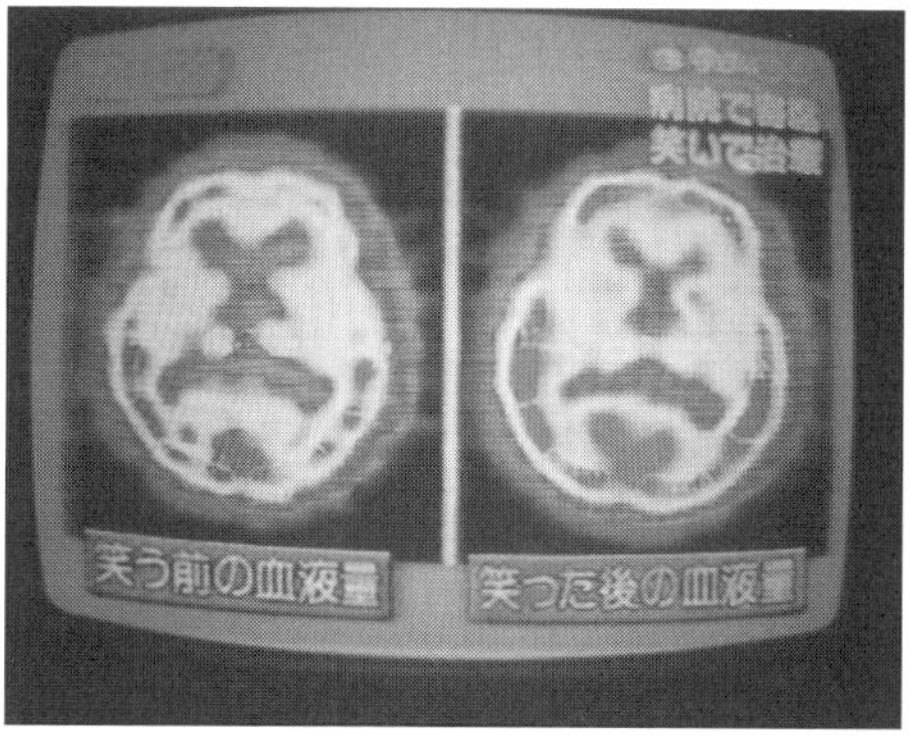

写真２

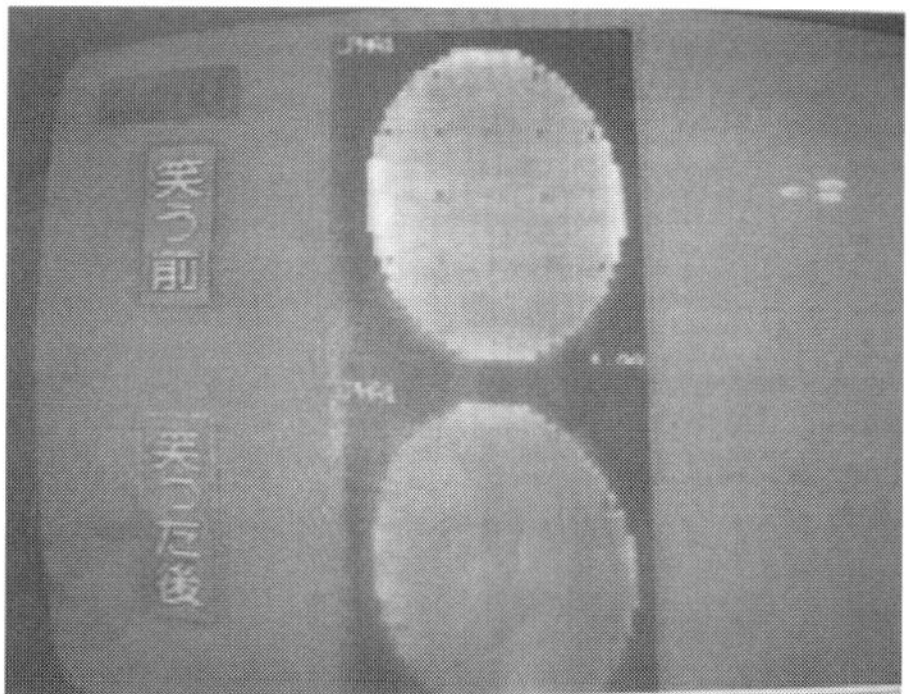

写真３

笑うとリラックスしたり、いいことがあるんですね。ほかには何がありますか。

笑うことで免疫力がアップします。病気の中でもおそれられているがん細胞は、誰でも毎日三〇〇〇～六〇〇〇個つくられているそうです。このがん細胞をやっつけるナチュラルキラー細胞は、笑うことで活性化され、がん細胞などの悪い細胞を攻撃し退治してしまうのです（写真４）。

この、科学的な話は、クライマックスの部分で、生徒たちはシーンとした場内で目を輝かせて聴いていました。

笑顔でナチュラルキラー細胞が増えるなんてすごいですね。つくり笑いでもこの効果はあるのですか？

つくり笑いでも、脳が笑うことはいい状態と記憶しているので効果はあるそうです。でも、しかられたときの苦笑いではでないそうです。

そうですか。ほかにも、照れ笑いや泣き笑いがありますがどうでしょうか？

照れ笑いや泣き笑いでは大丈夫。免疫効果があるそうですよ（写真５）。

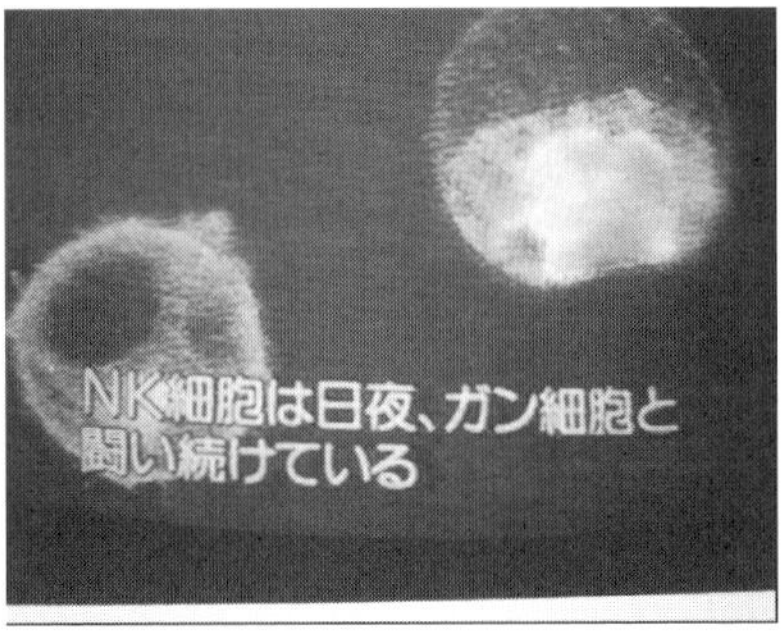

写真４

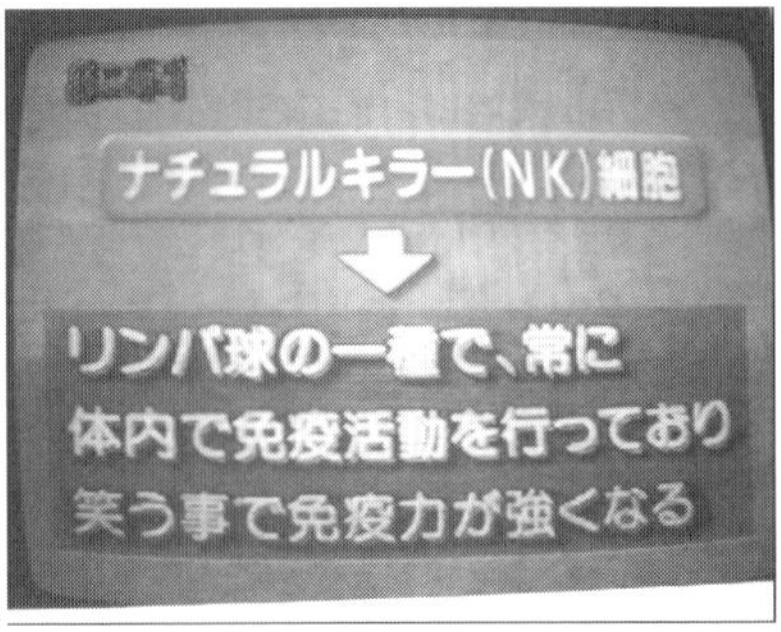

写真５

笑いに、免疫力をアップする力があるなんてすごいですね。さらに、コミュニケーション効果もありますよ。

なんですか。そのコミュニケーション効果って？

コミュニケーション効果は、人と人との付き合い方をよくすることで、相手にいい印象を与える効果があるのです。あかちゃんの笑顔は、天使の笑顔といって相手を笑顔にさせる力があるそうですよ。

そうです。あかちゃんはひとりでは生きていけません。生きていくには、まわりのみんなから愛されないといけないのです。だれからでも愛される笑顔を自然にだしているんです。

あかちゃんをみて、ついにこにこしてしまうのは、そのせいだったんですね。

ほかにも、お店の人がお客様に笑顔で対応しているのも相手といいコミュニケーションをとるために、いかされています。

笑顔の効果ってすごいですね。

生徒の雰囲気は、なるほど合点という顔をして熱心に聴いています。

発表をしている保健委員会の生徒も、聞いてくれている手ごたえを感じながら、余裕をもった発表です。第二幕に展開するのも鮮やかです。

ところで気になるのは、本校では、笑顔の人が多いのかとい

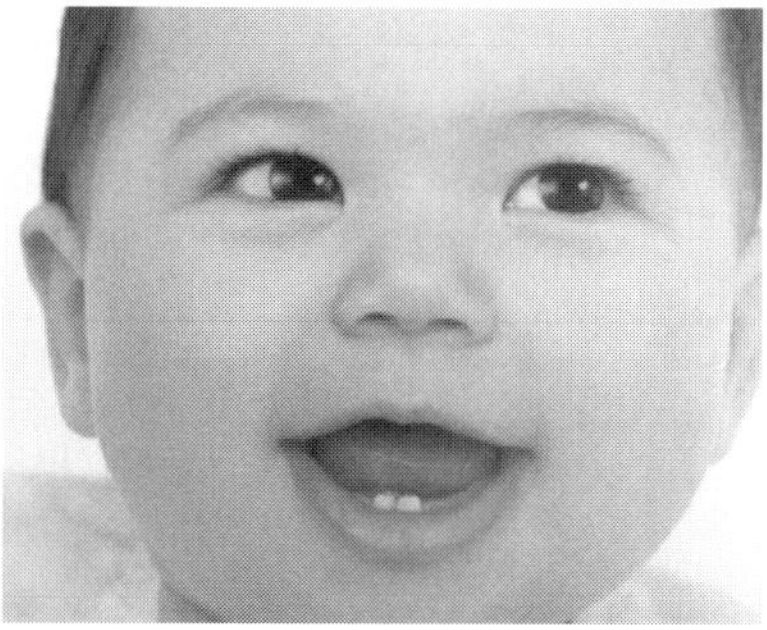

写真６

うことです。

全校生徒のみなさんに協力をしてもらって、アンケートをとったので、報告します。

あなたは、きょうどのくらい笑いましたか？

笑う感覚は、個人差があるので、具体的に笑う回数を決めたほうが答えやすいのではないかということで、回数を決めました。笑う回数を何回にするかで悩んだのですが、①笑わない、②少し笑う（一〇回ぐらい）、③普通（二〇回ぐらい）、④よく笑う（三〇回ぐらい）と、話し合って決めました。

結果を報告します。あなたはきょうどのくらい笑いましたかの質問では、全校で、よく笑った・三八％、普通に笑った・三六％、少し笑った・二〇％、笑わなかった・六％でした。笑う人が多くいたのでよかったです。でも笑わなかった人が、六％（二九人）いたことが気になりました（資料1）。

男女別にみてみると、よく笑っていたのは女子の方だということがわかりました。笑わなかったのは、女子と比べて男子が六％も多いことがわかりました（資料2）。

学年別でみてみると、多く笑っていたのは、一年生の女子です。反対に笑わなかった人が多かったのは、二年生男子です。どの学年も女子のほうがよく笑っていることがわかります（資料3）。

質問の二のどんなときに笑いますかでは、楽しいとき・三六五人、おかしいとき・三六三人、はずかしいとき・一三一人、こまったとき・六三人、その他・三三人でした。その他の中には、おもしろい時、照れたとき、悔しいとき、などありました。楽しいときやおかしいときは、自然に笑顔が出てしまうのでしょう。

第三幕はいよいよからだを動かす場面に展開されました。聴いていた生徒たちも場面の展開に圧倒され、笑い道場のわっはははは体操では、お腹に手を当てて笑い、胸に手をおいて笑い、両手を万歳してして笑いながらおもしろい動き・振り付けにのって、体育館中、笑いの渦が沸きあがっていました。

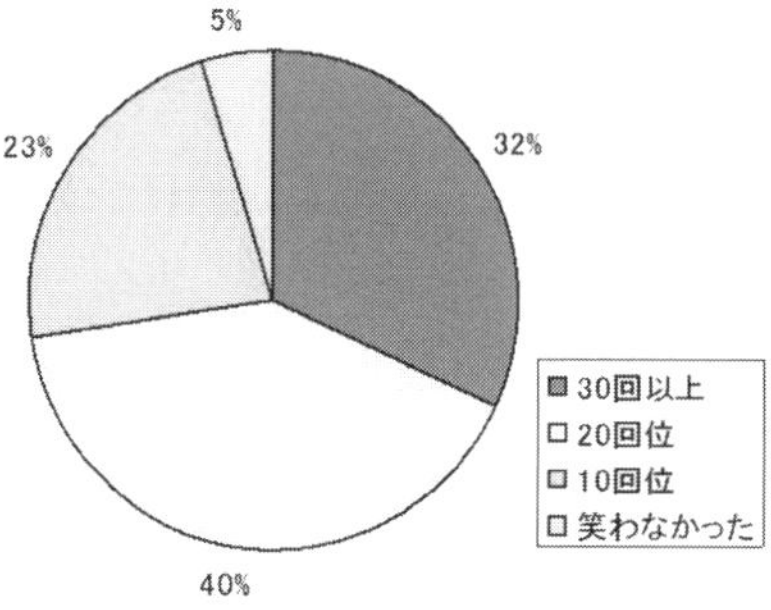

資料1

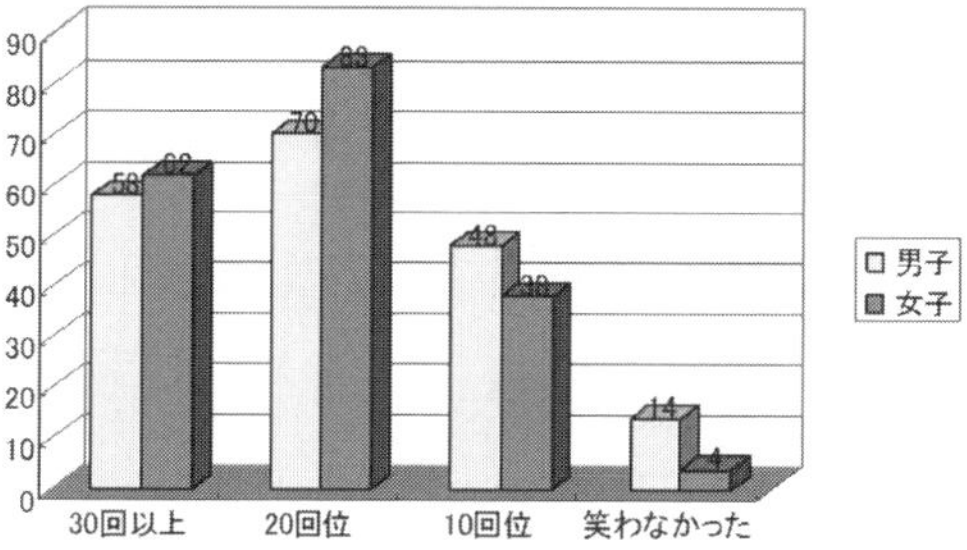

資料2

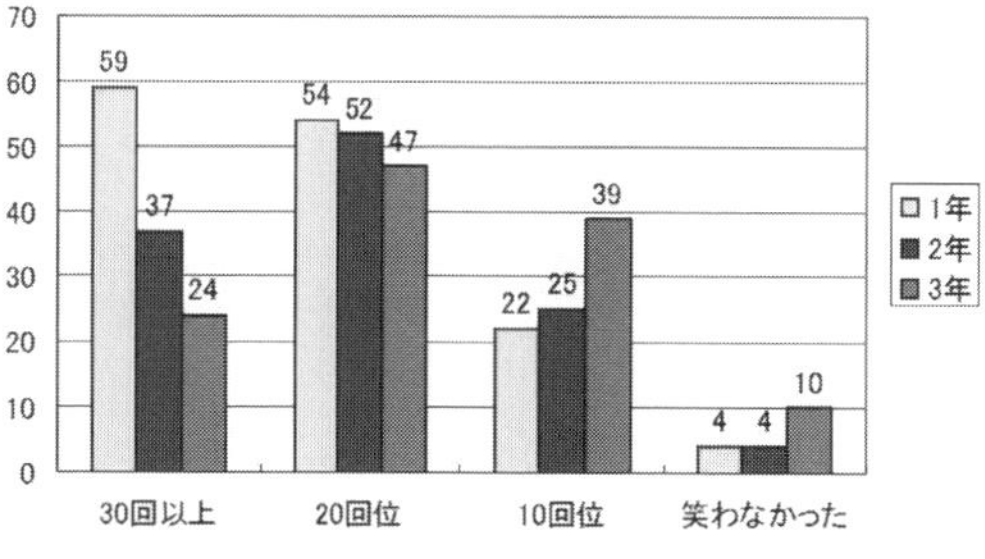

資料3

第4幕では、これはしかけた笑いを巻き起こすといった生徒の優れたシナリオと映像でした。ここでみなさんの笑顔を写したいと思います。知っている人の写真がありましたか？写真が変わるたびにどっと笑いが渦巻きます。

先生方の写真も写ります。生徒の場合と違った笑いがどよめきます。

最後に、「笑顔の」すてきな人を紹介して終わりにしたいと思います。その人は、レーナ・マリアさん。両手がなく片方の足が短いという障害を持って生まれてきました。たぶん辛いこともたくさんあったと思います。さまざまな困難を乗り越えてきた笑顔のすてきな人です。ごらんください。

レーナ・マリアさんの明るい笑顔がすてきでした。みなさんも自分の笑顔を大切にしてください。これで保健委員会の発表を終わります。

全校生徒の大きな拍手は、しばらく鳴っていました。私も心から保健委員会の生徒に拍手を送りました。

さわやかに総括

生徒たちは、笑いの調査からはじまり、集計分析・学習・脚本づくり・発表練習・本番の流れを満足していました。全校生徒に聴いてもらえたこと・考えてもらえたことに成功を実感していました。この流れに、養護教諭としての考えや願いを取り入れてもらい、生徒と養護教諭の合作のしあげに、私もさわやかな気持ちで反省会に臨むことができました。

保健室でつぶやいていた生徒・悩みを抱えていた生徒・彼ら彼女らが心から笑うことができる日があって、自分らしく生き生きしていかれるよういっしょに伴走していこうと思います。

【参考資料】

・ＴＢＳ放映「はなまるまーけっと　笑顔には免疫力をアップする効果がある」より

・全校生徒アンケート調査より

6

子どもを真ん中に出会いの場づくり三七年

―子どもキャンプで育つ―

おやこ劇場川口　運営委員長

佐藤　左貴

おやこ劇場川口は、「観ること」「遊ぶこと」「表現すること」を通じて、子どもと文化の出会いの場をつくり続けて三七年が経ちました。生の舞台を鑑賞したり、あそびやキャンプなど、地域や年齢・性別を超えて交流できる場づくりをしています。

子どもキャンプという取り組みを柱に

「子どもキャンプ」の参加者は小学四年生からで、男女混合・異年齢の班編成を組み、三泊四日のキャンプに行きます。日程や場所・内容・取り組みに至るまで、主に高校生以上で結成される実行委員会で決めていきます。大人は、子どもが内側に秘めていることを出せる場づくりが主な役割です。実行委員会には青年（高校卒業〜親になるまでの若者）が寄り添って子どもたちの声を聴いていきます。

この「青年」という立場はとても大きな役割があります。親とは違った視点で子どもたちの主張や様子を受け止め、親の立場の大人と共に、子どもたちにとっての最善を考え合う、いわば大人にとって劇場の活動をつくっていく上でのパートナーと言える存在です。大人が指導し管理していくキャンプではないので、子どもたちの気持ちに寄り添ってくれる青年の存在は必要不可欠です。

また、単に子どもを預かっていくのではなく、参加させる子どもの保護者と、家庭での様子とキャンプでの様子を情報交換したり、気になっていることを相談し合ったりする機会を設けています。お互いに責任を持ち合っていくことを意識しています。

こんな風に、子どもを真ん中にして、劇場と青年と保護者が連携し、一緒につくりあっています。また、子どもキャンプをつくるにあたって大切にしていることは、「異年齢交流」「自然体験」「生活体験」です。

実行委員がいくつかの班に分かれ、班のリーダーとしてまとめていきます。この班は生活を共にするための班で、男女混合・異年齢で構成し、時には障害をもった子どもも班の一員となり、寝起きや食事作りなど三泊四日一緒に過ごします。その中であいさつや、協力し合うこと、人を思いやる気持ち、価値観の相違との出会い、迷惑をかけたりかけられたり、人と関わり合う生活体験を味わいます。

自然体験の「自然」とは山や川を指すのではなく、環境やあり方を指しています。自分と自然（環境）との間にある文明の力（電気やガス、整った部屋など）をなるべく減らした生活を体験し、その不便さ、大変さを仲間と解決していく力を大切に考えています。　今や大人としてキャンプに関わっている私も、そんな理屈があるとは知らずに毎年楽しみに参加している子どもの一人でした。

山の中のキャンプ場で、親元を離れて三泊するというだけでもドキドキしましたが、生活の中にほとんど大人が関わってくることがなく、リーダーを中心に子どもたち自身で生活のことを決めていく、それは不安でもありワクワクする冒険でもありました。何キロも離れた店まで夕食の買い出しに行ったり、薪を使った火おこしがうまくいかずご飯がなかなか食べられなかったり。暗闇の中で満天の星空を見に行ったり、朝露で靴がビショビショに濡れてしまったり……困ったことや失敗したことがあっても、気づいてもらえるとは限りません。自分から相談に行くとか、どう解決するか

真剣。食事作りがこんなに大変とは

を考える場面が多々あります。

　そんな風に楽しいことばかりではないので、体力的にも精神的にも大変になってくると、子ども同士の衝突が起き、班のまとまりに支障が出てきます。好きなもの同士の集まりではないので、毎回気持ちよく解決することばかりではありません。そうなると、リーダーが頭を悩ませ、実行委員会が一丸となって考え合います。

「あの子は一番上の子だから、年上の子にあまえてみたいのかもね」

「あの子は一人っ子だから、誰かと相談したり分け合ったりすることに慣れてないのかな」

「どうもトンボを見つけると、フラフラと追いかけていってしまう子がいる」

「夜になると急に意地悪する子がいるけど、ホームシックなのかな？　大人が声をかけてみよう」などなど、子どもの状況や場面をふりかえりながら、たくさん話をします。

　キャンプ中の子どもの様子は本当にさまざまで、ふだん家庭では見せないような顔もたくさん見られます。そしてそのほとんどは、子どもが自ら考えて成長しようとする姿勢です。

煮えたかな。煙たいよー

誰かに優しくしたいという気持ちをどう行動に表せばいいか悩んでいたり、子どもたちなりにリーダーを助けるにはどうしたらいいか考えていたり。ふらっと大人のテントにやってきて愚痴をつぶやいた後「お母さんには言わないでね」といってみたり。それぞれの年齢で自立の基準が違いますが、子どもが今の自分よりも一歩でも前に進もうとしている姿が毎年のキャンプにあります。

個人としての成長もさることながら、集団としての成長もあります。他人に自分の気持ちを本気で伝える場面というのは、普段の生活ではなかなかありませんが、キャンプで次々と起こる問題を解決していく中では、自分の気持ちを表現する必要に迫られてきます。逆に我慢したり、他人の気持ちを察して尊重したりする場面も出てきます。好きとか嫌いとかではなく、誰かと仲間になって生活をつくっていくという体験は、子どもたちにとっても、支える青年や大人たちにとっても、多くの学びがある体験として積み重なっていきます。

キャンプには青年・高校生の力が不可欠

子どもたちが、キャンプ当日だけではなく、キャンプをつくっていく事前の取り組みから関わるようになると、キャンプの内容、時間割、各役割や危機管理など、キャンプに関わるほとんどのことを話題として会議を重ねていきます。もちろん大人も同席しますが、自分たちの想いを出し合いながらひとつのキャンプを作り上げていくことは、本当に大変なことです。自分の考えを伝え、自分以外の人の考えを理解しようと努力しますが、うまくいくことばかりではありません。同じことを目指していても、方法が違えばわかり合えなかったり、時間がたたないと解決しないようなこともたくさんあります。中にはその年のうちに解決しないことも出てきます。しかし、おやこ劇場のキャンプというのは毎年あるので、誰でもが年を重ねながら、何年もという長い期間関わり続けることもできます。

一人ひとりは合う合わないがいろいろあっても、子どもキャンプを通してつながりあう仲間になっていきます。そういった中で、大人も一緒に育ち合い、信頼関係をつくっていくことで、続けていける取り組みになっています。

そんな子どもキャンプで、ある年にこんなことがありました。班での自由時間をどう過ごすかの相談中、

班のみんなで話し合う

子どもたちからでた要望が、

「寝たい」

「ゴロゴロしたい」

「何もしたくない」

というようなことばかりだったのです。リーダーは困りました。目の前にこんなに広々とした芝生と青空があるのに、当然のように走り回りたい！　という要望に応える気満々だったのに……。

そしてその日は、芝生にシートを敷いて、本当にゴロゴロすることにしました。このことは当然、夜の会議で話題になり、それぞれが子どもたちの様子についてふりかえったところ、多くの班から「だるい」「めんどくさい」「そんなことしたくない」という子どもの言葉にどう返したらいいか困った、というような話が出てきました。食事をつくる時間も、用具を取りに行く、洗う、など細かい仕事がたくさんあります。その一つひとつが「めんどくさ」く「だるい」のです。

「リーダーがやった方が早いじゃん。リーダーがやって～」

と甘えたり、スッとその場を離れたり、他の子とのおしゃべりを止められなかったり……決まり事だから、と命令してやらせる、という方法は、子どもキャンプではとりません。何が彼らをそうさせているのか、そこに気づきたいのです。

「困らせてこちらの様子を見ているのかも」

「私生活での疲れを本当に癒したいのではないか」

「少しは厳しく言わないと、気づかないのでは？」

「どうしてみんなで取り組まなければならないかを説明したらどうか？」

「理屈で言っても、よけいにめんどくさいと思われるだけなのでは？」

一日目も二日目も、なかなかスッキリとした対策が見つからず、とにかくじっくり子どもと接してみようということにしか、たどりつけませんでした。そして、三日目になってぽろっと一言、

「うまくできないと悪いから」

と言った子がいました。その子は「めんどくさい」のではなく、「上手にできるか不安」だっただけでした。家ではほとんど家事を手伝うことはなく、ここで初めてのことに挑戦して恥ずかしい気持ちになったり、誰かに「あの子はこれが下手、あの子がやらなければよかったのに」と思われたりしたくなかっただけでした。

「初めて」ということがどんなにワクワクすることか、失敗してもみんなで取り戻せることを知っているリーダーやキャンプ経験のある子どもたちは、その子の告白がとても嬉しく、本人も自分の気持ちに気づけたこと、それをキャッチしてもらえたことが嬉しいようでした。

このようなことがあると、人同士の距離はグッと縮まります。傍から見ている大人や青年にもわかるくらいの変化です。子どもたちの緊張や不安が緩和され、自分らしく振舞える時間が増えていき、自然と生き生きした空気が流れるようになります。自分らしく、その中で人を思いやることができる、そんな居心地のよさをキャンプで感じてくれるようになると、心からやっててよかったな、と感じます。

非日常の子どもキャンプを支える、日常の子どもの現場

夏の子どもキャンプは「非日常体験」としての位置づけで、日常での子どもたちの活動をどうやって積み重ねてキャンプを迎えるか、ということはとても重要です。子どもたちの日常にどのくらい接しているかで、子どものちょっとした成長や気づきを一緒に感じることができるからです。しかし、おやこ劇場は学校でも家庭でもない課外活動なので、子どもの「日常」になるにはなかなか難しい面もあります。子どもが幼児や小学生のうちはなるべくお母さん同士いろんな話をして、一人の子どもについての様子を交換できるようにします。小学生が中心になった活動を設けて、自分の子どもや親以外の子どもや親と密に接する機会もつくっています。中学生以上の子どもの会員は、お母さんと一緒に参加するという形態から、自分の意志で参加する形態へと移っていきます。そして、中学生・高校生だけで構成されるサークルに入ることができ、月一回のペースで集まって、自主的な活動をする機会を設けています。私たち大人から見れば、中学生以上の子が集まっているのだから、クリエイティブな活動の提案や、お互いを知り合おうとする議論がおこればいいのに……と思ってしまいます。しかし、子どもキャンプであれだけ縮まったように見えた距離も、日常に帰ってくると急にまた恥ずかしそうに距離をとっていて、驚いてしまいます。

それでもおずおずと、

「何かやりたいことはありますか〜」

というような話がされ、

「まったりしたい」

「鍋したい」

「たこ焼きパーティーしたい」

というようなアイディアが出たので、一つひとつ予定を立てて実行していきます。しかし、中高生というお年頃だからなのか、みんなで決めた日にちのはずが、人数が集まらないというようなことが頻繁に起きます。やりたいと言い出した本人が来ない、なんていうことも起きます。大人からすれば、誰かが怒りだしても仕方ない事態だと思うのですが、たいていの場合は誰からも怒りの感情は表に出ず、

「そっか〜じゃあどうする〜」

といった具合に進んでいきます。積極的に本音を出し合って関係性をつくっていこうとはしない様子に、なんとなくもどかしさを感じつつ、しかし彼らが集まるのをやめようとは言い出さない、きっと何かしらの居心地のよさみたいなものがあるのかな、と大人はしばらく付き合うことにしました。必ずしも楽しいから集まってきている、というだけではなく、義務感というか責任感のようなもので来ているのかな、という子もいますが、微かにここの仲間で何か楽しいことになればいいな、という意欲のかけらのようなものも感じました。

そんな折、事務所でお泊り会をさせてほしいという要望が彼らから届きました。

夕方に二時間の会を開いても、部活や塾で来られない子がいるが、お泊り会にすれば遅い時間からでも会いに来られる、というのです。事務所にあるプロジェクターとスクリーンを使って、ＤＶＤの上映会をするという内容でした。それぞれがおすすめの作品があるのだったら、個々で借りて観るより、みんなで観たいという想いからできた企画でした。食事や寝ることも含めての準備が必要でしたが、青年の力も借りつつ、いい時間を過ごせたようでした。直接的に言葉をやり取りするようなコミュニケーションより、自分が好きなものを紹介したり、共有する時間をもって、ゆっくりコミュニケーションをとる様子がとても印象的でした。

「こういう趣味の子とは合わないや」

というような取捨選択の反応よりも、

「私とは違うけど、この子はこうなんだな」

と受け取るような反応が多く、それにも感心しました。

思春期というと激しさを思い浮かべてしまいますが、今を生きる子どもたちの内面はナイーブで優しいのだなと感じます。他者とのつながりも、緩やかで温かいものを大切にしているように

中高生の活動

感じます。このつながりの中で安心し、活力を得て、成長していくのかなと思います。

一歩先を歩く青年との対話

中高生で話し合っている際、高校生からこんな発言がありました。

「青年は、なんでいつもあんなに楽しそうに実行委員をやっているんだろう？　自分は、やらなければならないという義務感でしかやったことがない」

そうなのか、と思いました。残念に思う反面、自覚があったこと、その想いと彼が向き合っていることは嬉しく思いました。そして、これから青年になっていくことを思って考えているんだな、と思いました。

おやこ劇場川口では、中学生になっても自分の意思で活動に参加できるよう、仲間づくりの機会をつくる意味で、春休みに「中高生合宿」という取り組みをしています。ちょうどいいタイミングだから、この合宿の実行委員会を通して、高校生から青年に対して何かしらのアプローチがあればいいな、と思っていました。

まずは、中高生で実行委員会のメンバー構成について話し合った際、「青年に、実行委員会に参加してほしいか」という議論になりました。青年と一言で言っても、大学生から社会人になってしばらくたっている青年まで年齢の幅は広く、そのあたりも含めて考えていました。

「青年の力がないと、最後までつくり上げられないいんじゃないかな…」

という弱気な発言が出る中、
「青年と一緒にやって、ぬすむ、じゃないけど、年上なりの考えを知りたい」
という意見が出て、大学生までの青年に一緒に取り組んでほしい旨を伝えることになりました。
その合宿実行委員会でのやりとりの一部を紹介したいと思います。
高校生A「なんで青年はあんなに楽しそうに実行委員をやっているの？　なんでやりたいと思うの？」
青　年「自分が考えたことでみんなが楽しんで笑ってくれるのが嬉しいからかな」
高校生A「（その意見に）共感した…」
高校生B「みんなが楽しくても、自分が楽しくないことはやりたくない。みんなに楽しんでもらう前に、自分が楽しみたい」
青　年「でも、誰かがいるから楽しい。一人じゃ楽しくないよ」
中学生「誰かと楽しく過ごすだけなら、劇場以外でもできる」
高校生B「ここまで真面目に話しこんで何かをすることは劇場以外ではない」
中学生「友だちだと自分をつくっちゃうけど、劇場だとつくらないで自由にふるまえる」
青　年「メンバーが変わらないからか、居心地がいい。あとは、上の人たちがやっていたことをやっているだけ。あこがれもあるのかな？いざ自分が青年の立場に立ってみると、みんなすげえな、って思う。」
中学生「小学生の時、中高生を見るとキラキラしていた。大きい壁があった。実際入ってみると、やっぱりキラキラしてるけど、壁はなかった。」

青　年「話したいのに、話してない人いない？　自分こう思っているのに……ってそれ言わないのは自分をつくってるってこと。言いたいことがあるときは話しておいた方がいいよ」

こんな風に、自分の考えと向き合いながら、どんな合宿にしたいか、それをするにはどうすればいいか、を話し合い、つくり上げていきます。

大人に向かう途中の青年という時期は、自分自身もモヤモヤと不安な気持ちを持て余していたり、自信があったりなかったり……そんな微妙な時期でもあると思います。そんな中、仲間の存在を感じながら、自分の役割に責任を持って取り組んでくれる、その姿勢に大人は勇気づけられます。おやこ劇場川口では、子どもたちと大人の対話だけでなく、この青年たちとの対話があることで、子どもたちがより子どもらしく振舞える時間空間を広げておけるのだと思います。

子どもたちの自立を願いながら

決められたことを上手にやる、のではなく、思いついたことを自分で、または仲間と、楽しくやることのできる現場が、いつも子どもたちの近くにあればいいなと思います。そして、その場を評価の視線ではない、一人ひとりを見守るまなざしの青年と大人が一緒に育てていく、そうありたいと思っています。青年と大人がいつも充分なコミュニケーションが取れているわけでもなく、すれ違いもあり、課題もあります。終わりのないだろうそれに、いつも丁寧に向き合っていくことでしか、子どもたちの現場を守り続けていくことはできないと考えます。

何かやっかいな気持ちになった時や、年の始まり等、人によってタイミングはさまざまですが、昔のキャンプの文集（キャンプの記録・感想などを実行委員がまとめた冊子）を取り出して読んでみる、という話を耳にしました。一度劇場の現場から離れた青年でも、子どもキャンプや劇場の様子を気にして連絡をくれたり、思い出を語りに一杯飲みに来てくれたり……そのようなことがあるたび劇場から離れても彼らの中に劇場での経験が生き続けている、思い出の中に栄養がある、そう感じます。それはなくてもなんとかなる、でもあったら少し心の筋肉がつよくなる、そのくらいの栄養が。そして彼らは、自分の為に来ているようであって、きちんと今の現場の子どもたちや私たちのことを思いやってくれています。子どもの時代に、少し心が自由になったこと、その瞬間を共にした人がいること、その体験は、窮屈な思いをした時、しなやかな底力になり、人を想う優しい力になるのではないかと思います。

麦茶冷えたかな。その前にかえる捕まえたよ。

大人も一緒に、この世の中を生きていて、心の中にまだまだ柔らかくて傷つきやすいものを抱えていると思います。お互いに、お互いの強さやさしさで支え合えたら、少し生きるのが楽しくなる、元気になる…それが、大人が与える教育でもない、子どもが親を支える介護でもない、『文化』の力かなと思います。

子どもを取り巻く環境が日々変化している中で、いつも同じことをやっていれば正解なわけではありません。子どもたちにとって、私たちにとっての最善とは何かについて考えあっていくことが大きな課題ですが、子どもたちの心の中の世界が広がり、少しでも自由を感じることができるような場を、これからもつくり続けたいと思っています。

レッツ♪キッス♪

7

いらっしゃい！地域のこども食堂から発信

元養護教諭　大津　育子

母子家庭の貧困

私は長年中学校現場で、養護教諭として多くの子どもたちに出会って来ました。もう十年位前になるでしょうか、入学当初から口の中がむし歯だらけのあきら君のことが気になっていました。歯科検診の結果では、C１の軽いむし歯からC４のかなり重いむし歯まで一四本もありました。小学校時代から治療しきれずにほぼそのままの状態で中学校へ入学してきたのです。中学校生活が始まっても、自分のやりたいことが見いだせずにいた時、クラスメートに誘われ野球部に入部。最初は口が重く友だち関係をつくるのが苦手、野球のプレイも今一つでしたが部活準備や後片付け、練習にと、黙々とうちこむ彼の様子を見て、次第に部員の仲間たちが声をかけるようになり部活が彼の大きな支えとなってきました。

それをきっかけにはかばかしくなかった勉強に対しても少しずつ前向きになってきた頃でした。むし歯が原因で膿をもち数日間大変な思いをして部活や勉強どころではない体験をしたのです。欠席がしばらく続いていたので、彼を按じて声をかけると、「先生さ、さすがに俺生きた心地しなかったよ。自分のからだは自分がなんとかしなきゃだめなんだよね」と自分に言い聞かせるようにつぶやきました。

彼のそうした背景には、厳しい母子家庭の経済状況がありました。日夜二つの仕事をこなさなければ生活がまわらない母親の余裕のない毎日。特に、食事は影響します。弟と自分の夕食はあるもので済まし（食べるものがない時には菓子だけのことも）、朝食は抜く。そして、勉強については何がわからないかもわからない。一方で母親が体調不良になったらといつも心配していました。だから自分のことはあれこれ言えないし後回しでもしょうがないこと等々……少しずつ話してくれました。野球部顧問でもある担任と相談をしながら、生活で手一杯の母親になんとか会える機会をつくりたいと、あきら君と母親に働きかけ続けました。おもいがけず、間もなく忙しさに追われる母親からの返事があり会う機会が何とかできました。

学校生活で頑張るあきら君の様子とからだの訴え、あきら君の胸の内を聞いて頂き、あわせて母親の日頃の労をねぎらう声かけをしながら一緒に考えていきましょうと話しあいました。母親との話を通して、行政の支援制度や福祉事務所の対応で困惑していること、母親自身が親同士の繋がりや地域の繋がりがほとんど持てず、身近に相談する人の存在がなく孤立し、ヘルプのサインが出せないでいることを強く感じました。

その後卒業まで学年の教師たちと共に見守り、スクールカウンセラーや学校医さらに外部機関の支援を受けながら、家庭と学校の生活も少しずつ見通しがもてるようになってきました。「高校でみんなと学びたいし、いろんなことに挑戦してみたい」と目標を決め、気の遠くなる程多いむし歯治療も時間をかけながらもすすめ、高校進学を果たすことが出来ました。今でも卒業当日のあきら君と母親の満面の笑顔が思い出されます。

地域の子どもが寄り合える場所 ――「こども食堂」の立ち上げ

退職後まもなく知り合いの人たちと、地域で子どもたちが寄り合える居場所づくりができないものかと何度となく話し合ってみました。そして元養護教諭の「まちかど保健室」運営に携わっているT先生に話しを伺いそれを踏まえて、私たちの地域の子どもたちの現状やどのようなことを必要としているのか、居場所となる場所の確保、対応するスタッフ探し等々話し合ってきました。しかし、なかなか具体的なことまでは煮詰まらずそれ以上進展させることが出来ませんでした。結局もう少し時間をかけてお互いに地域や学校現場での生活を通して探ってみようということになりました。

そんな時二〇一五年三月、現職養護教諭から練馬の地元に「子ども食堂」が立ち上がるとの情報を得ました。子どもたちとの接点が持て食事作りのお手伝いとして参加ができたらと、迷わず呼びかけ人の金子よしえさんに連絡をとりました。現役のフリーアナウンサーの彼女は、子どもの貧困を特集したテレビ番組を見たことをきっかけに「普段は見えていないけれど、給食でしかまともな食事ができないような子どもたちが自分の周りにもいるはずだと考え、何か自分にできることはないか」と思い、すでに活動している豊島区の「要町あさやけ子ども食堂」を見学、「子ども食堂ネットワーク」と情報交流し準備を重ね「ねりま子ども食堂」を二〇一五年の四月に開きました。

代表の金子さんは「子ども食堂」紹介のパンフレットで、こんなメッセージを発信しています。

「今、さまざまな家庭の事情で、十分な栄養を摂取できない子どもが増えていると言います。また一人で夕食を食べる「孤食」も多いそうです。食は全ての基となるものです。身体づくり、心の健康をもたらす源と考えます。「ねりま子ども食堂」は子どもたちに、バランスのよい食事を提供し、同時に「みんなで食べる楽しさ」を知ってもらう場です。地域の子どもを地域で見守り、希薄になった地域コミュニティを暖かい繋がりに換えていきたいと願っています。」

区内のお寺の真宗会館を会場に毎月二回、午後六時から八時まで「ねりま子ども食堂」が開かれます。子どもの貧困に関心が高まる中で、メディアや口コミを通じて存在が知られ少しずつ訪れる人が増えています。毎回七〇食を準備し、食堂と広い和室の二カ所を提供しどちらで食べてもよいことになっています。知らない人どうしでも食べているうちに自然にうちとけ、会話をしながら和やかなひとときが生まれます。

子育てに忙しい母親や、親の長時間労働でいつも孤食がちの小学生と友だちが保護者代わりの大人同伴で訪れたり、シングルマザーが子どもと一緒にくつろげる場所としても利用されたりしています。ボランティアスタッフの私たちも訪れた人たちと一緒に食事をしながら、おしゃべりをさせてもらっています。「日頃、親以外の大人と接する機会が少ない。ここでいろんな人に声をかけられ、子どもは苦手な野菜を食べられるようになったり、普段はしないおかわりをしたりする。いい刺激になっている」と語る二人の小学生の母親、一歳まもない子どもを連れた妊婦さんは「家で子どもと二人だけで過ごしていると煮詰まってしまうことも。バランスのよい食事もできて助かっている」と。家庭の事情でコンビニ弁当が毎日の高校生は「知り合いの大人に誘われて来た、こんなに何種類ものおかずが準備され

ねりま食堂

真宗会館

ていることに驚いた。アレルギーのある自分に配慮してもらい有り難い。ともかくうまいです」と遠慮がちに話してくれました。

料理はバイキング。「皿にとったものは残さない」が原則

ある日のメニュー

食事は雰囲気が大事です

この間の利用者の感想を「子ども食堂」のＨＰ（チーフ金子さんの編集）から紹介します。

●初めて利用した方からのメールです。

参加前に想像していたよりずっと温かでアットホームでした。皆さんが気さくに話しかけてくださり、ご飯はものすごく美味しかった。普段主人は単身赴任で不在、母子二人での食事だったので、いろんな話しができたり子どもに話しかけて下さり恥ずかしがっていましたが、とても美味しくて楽しかったようです。学校の給食より美味しいと。帰りは子どもと子ども食堂のご飯の美味しかったことや楽しい時間だった話しをして帰りました。

●3歳の女の子連れのシングルマザーが訪れました。

女の子の鼻にはチューブがついてます。酸素です。ママが酸素ボンベを背負っています。横隔膜が動かず、自力での呼吸が困難な病気だそうです。退院し食事もできるようになったので、皆で一緒に食べる経験をさせたくて来ましたとのこと。明るいママです。「生まれた時は、ダメかなっておもったんですよ。だからこうしてご 飯をたべられるだけでも、すごくうれしいんです」ママのように明るい子に育ってほしいと思いました。

●養護教諭と相談員が小学生と連れだってみえた（どの子も一人親家庭）。シングル ファザーの家庭の男子はいつも中学生の姉が夕飯をつくるという。「今度はお姉さんと来てね」と声をかけた。

●知らない親子どうしが一緒に話しながら食べる光景が多くなってきた。仏間の和室 でも食事をとることがオーケーになり、イスより畳のほうがくつろげるのかな。
●通信制高校生が三名来てくれました。まだお客様？　状態であまりおしゃべりしてくれませんが、慣れて気楽にお話してくれるようになればいいなと思っています。
●この日は一人の男性が見学にいらっしゃいました。昨年暮れに離婚されたそうです。今は養護施設にいる子どもを引き取って一緒に暮らしたいが、仕事で帰りが遅くなる日などに子ども食堂を利用できないかと相談に来られたのです。是非是非、利用してくださいとお願いしました。当方だけでなく他の練馬区の子ども食堂も併用されることをお勧めしました。
●今日初めて来た四年生の男の子は、ご飯のお代わり、おかずのお代わりと忙しく自分の席と料理の並ぶコーナーを行き来していました。遠慮してよそっていたのかもしれません。他の子が食べているのを見て「あれも食べてみよう」とか、「美味しかったからもうちょっと食べよう」とか何度も行き来する姿が印象的でした。

「ねりま子ども食堂」の今、そしてこれから

二年前に「ねりま子ども食堂」がスタートして以来、今日まで地元の農家さんや地域の方々、遠くは島根の農園や地方のあちこち、企業等からお米、野菜、さまざまな食材が、時には子どもたちにと日用雑貨や文具などが届けられたりします。この間の食堂の活動（練馬区内で一一か

所ほど、全国で三〇〇か所を超える）が地域や多くの方々に知られるようになり、個人も含めそれぞれの方法で支えてくださる輪がひろがっていることを実感しています。ここまで来られたことを食堂のスタッフ皆で感謝しつつ、毎回食堂を終えた後は短時間のミーティングで子どもや親たちの様子やその他の気づきを出し合い次回に生かせるようにしています。子ども食堂を開いた当初のおもいを皆で共有しながら、今日もボランティアスタッフたちは夕方からの食堂オープンにむけ始動しています。

毎回厨房では、支援者や地域のおすそわけ野菜プロジェクトから送られてくるめずらしい野菜や食材が話題の中心に、その調理準備にわいわいがやがやとなんとも賑やかで明るい食堂の場になります。時にはボランティアで訪れる高校生や大学生には、食堂のロゴ入りエプロンをかけてもらい、早速食堂のスタッフたちから「これを手伝ってくれると助かるわ！」と声がかかり、一緒に応援をしてもらいます。子どもたちに

ボランティアは毎回13人～15人

3時半に来て6時に帰る人、7時に来て9時までの人、働き方はさまざま

とっては私たち以外に若いお兄さんやお姉さんが「いらっしゃい！」と迎えてくれることは新鮮で、少々戸惑ったり照れくさそうですが、一緒に準備や食事をしているうちに少しずつうち解け、おしゃべりをはじめます。片付けた後はお借りしている二十四畳もの和室で、知り合いになった友だちやボランティアの学生たちや一緒に来た友だちとのお楽しみの遊びタイム。子どもたちはもとより同伴の大人たちもそれぞれにおしゃべりをしたり、子どもの遊びを見守りながらホット一息つけるひとときになっているようです。時には子どもたちの遊びが盛り上がり、会場のお寺を退出する時間になってもまだ夢中になっていたりと、私たちスタッフに「そろそろ時間だよー！　またおいでね！」と声をかけられやっとおひらきになるということも。

冒頭に現職時代の母子家庭の事例をあげました。困難な生活実態を抱えた保護者や、生活をするのが精一杯で時間の余裕もなく子どもの変調に気づきにくい、子どもを介しての保護者同士の繋がりや地域での繋がりが持てない、情報も得られにくい、子どもにとってのよりどころとする公的支援制度のあり方等、待ったなしのさまざまな課題があります。

食後は和室で遊びますけん玉教室ではまずけん玉に絵を描きました

今年（二〇一七年）一月の全国子ども食堂ネットワーク主催の「子ども食堂サミット」に参加し、全国でさまざまな取り組みを展開している様子を知ることができました。昨年のサミットでは「子ども食堂の始め方」をテーマに二〇一五年にオープンした五つの子ども食堂の経験が語られ、パネリストの一人として「ねりま子ども食堂」を立ち上げた金子さんが発言されました。今年のテーマは、「子ども食堂のつづけかた」ということで、二〇一六年に大きく広がった子ども食堂を「安定して継続させていくための方法」や「地域でのネットワークのつくり方」について、全国の子ども食堂を運営する皆さんと考え、共有しあう機会となりました。さらに昨年からは「ひろがれ、子ども食堂の輪！」全国ツアー実行委員会による企画のもとに、各地で「子ども食堂がその地域でどんな役割の場所になっていけたらいいか」「地域の人たちが子ども食堂にどんなふうに関わっていけるのだろう」という理念やあり方をめぐって、講演会やシンポジウムの取り組みが展開されています（ＨＰをご覧になってみてください）。

今、全国に約四〇〇カ所にもひろがっている子ども食堂ですが、その一方で取り組んでいるのはボランティア活動や子どもを巡る問題に強い関心のある方々にとどまっているのも事実です。そこで地域活動にかかわってきた自治会や婦人会、社会福祉協議会や民生委員、行政関係の方々にも子ども食堂の活動を理解していただくことで、「一部の人たちの取り組み」から「地域住民の誰もが理解し関わっていける取り組み」へ広げていくことが課題です。国や自治体、企業、そして一般の方々も、子どもの六人に一人が貧困状態にあるといわれる現状を「なんとかしなければ」と思い、解決に向け動き始めている機運のなかで、さらに子ども食堂の活動のすそ野を広げる為の全国ツアー行動を行っているとのことです（全国ツアー実行委員会事務局パンフより）。

今回のサミットでは例えば「子ども村　中・高校生ホッとステーション」と銘打って学校でもない、家庭でもない第三の子どもの居場所として週に一回夕方から夜にかけて一〇代から七〇代の人たちが「一緒に考えたり、学習したりして楽しく過ごそう、そして大家族のように一緒に夕食を食べながら寄り添う人間関係を作ろう」と運営されている代表者の話をうかがいました。

東京の荒川区社会福祉協議会の協力事業と補助事業としての子育て支援部子育て支援課の「子ども居場所づくり」事業とが地域の方々との協同ですすめられています。行政と地域の連携で食事のみならず、学習サポート、多世代との関わり、地域行事への参加など多様な取り組みをされている様子を伺い、私たちの地域でも少しずつであれ展開していけることがあるのではないかと思いました。私たちの地域でもこの間、子ども食堂は一一か所あまりにひろがっています。

「区内で取り組んでいる子ども食堂が、共に話し合い情報共有をしあえるネットワークを練馬区の行政が中心になってつくる努力を」と、趣旨に賛同する子ども食堂の代表者たちが区に向けて働きかけをしています。だれにも必要な情報がしっかり届けられるように、地域で子どもを見守るためには専門機関だけでなく多様な民間団体も交えた子ども支援のためのネットワーク組織がつくられ、お互いに繋がりあい子どもたちのための活動がひろがっていくことを願っています。

8

「おなかすいたら たべにおいでよ！」

なゆたふらっと・石神井ゆうやけ子ども食堂

佐藤　崇

始まりは二〇一四年の秋、私たちと事務所を共同利用している「野の花伝道所」の牧師の方からの連絡でした。「子ども食堂という活動があるのですが、来週要町まで見学にいきませんか？」というお誘いでした。実際に参加してみたら、住宅街の一角にある一軒家が開放された形になっており、保育園帰りとおぼしき数組の親子連れや高齢の男性などがお客として出入りして賑やかでした。厨房を覗くと、地域のお母さんや学生さんっぽい若者が盛り付けや洗い物に動き回る光景が拡がり、二階に上がれば食べ終わった子どもたちが思い思いに遊びまわる姿も目撃。いやその元気なこと……。

見学の帰り道、牧師さんと感想を述べ合う中で、もうそれは既定路線のように、「うちでも子ども食堂をやろう！」と意気投合したのでした。私たちがそれまで続けてきたこと（「なゆたふらっと」不登校の子中心の居場所活動）にも親和性が高く、すぐにでも取り掛かれそうな気がしたからです。とりあえずその年の暮れ、関係者や地域に立ち上げを告知する意味を込めて、「お試し子ども食堂」を開催しました。目的は子ども食堂の雰囲気や実際のメニュー、仕込みや段取りに必要なことなどを予行練習的に参加者間で共有することでした。年が改まって二〇一五年一月、第一回子ども食堂サミットが池袋で開かれた翌週、正式に「石神井ゆうやけ子ども食堂」がスタートしました。その後毎月二回、第一金曜日と第三日曜日に定期開催を続けてきて、現在までに五〇回を超える活動となっています。

私たちの取り組みの特徴は、やはりそのきっかけとの関連が深いです。先ずは「野の花伝道所」との共催であること。参加者やボランティアの一定数が教会関係者で、うつからの

ただ今仕込中です！

回復途上にある方や独居の高齢者などが含まれています。たまたまなのかも知れませんが、常連のお客様や他ルートからのボランティアにも、うつ傾向の方が複数混じり、みな心やさしい雰囲気を持つ方ばかりです。もうひとつは私たちの基幹事業である不登校の子ども中心の居場所活動で、現在も週二回、平日午後の時間帯で活動しています。その為、参加する子どもたちの中には元々不登校であったり、現役不登校中の子どもも何名か含まれています。子ども食堂の開催日はこれら以前より取り組んでいた各活動にリンクする形で開催されています。また可能な限り出前やお持ち帰りにも対応しています。それは引きこもり傾向のある子へのアウトリーチ的な試みであったり、子どもは食堂で食べ、病気や仕事の都合で参加できない母親の分を持たせて帰す、という意味であったりもします。参加費は一食大人三〇〇円、子ども一〇〇円ですが、お手伝いや高校生割引、又は家計状況によっては無料もあり得ます。一方、終了後に会計ノートを確認すると必ず五〇〇円、千円と置いてくださっている方もいます。結果として定価はあって無きがごとし、かも知れません。

食堂から見えたこと・子どもや親・地域

私たちの子ども食堂に参加しているのはいわゆる貧困家庭の子どもだけではありません。階下にあるダンススクール帰りの子たちが連れ添って寄ることもありましたし、日曜日には近所に住む若いご夫婦がお子さん連れで来ることもあります。それでも割合をいえば大人の参加者の方が常に多い状態です。これは仕込み・洗い場担当のボランティアや各方面からの見学者も一参加者とカウントしていることが影響しています。子ども食堂の運営にはさまざまな方向性・考え方があるでしょうが、その中で私たちの実力で当面できるのは、地域にいる多様な人々が食を通して出会い、集う場づくりと思っています。

ここまでの活動で、一番の常連の子どもは近所に住む小学校低学年の女の子でしょうか。当時は不登校中で平日午後の居場所活動に参加し始めたのですが、それがちょうど子ども食堂スタートのタイミングでした。現在は登校していて、学校帰りにいつも寄ってくれ、食堂開催時には仕込みや看板メニュー書きなど良く手伝ってくれます。初めて出入りする人にも物おじせず話しかけ、その場を和ませる天賦の才を感じます。普段小さい子との会話など皆無だという高齢者の顔は自然とほころびますが、まだこの場に慣れていない大人しい中学生男子などは、彼女の勢いに押されて、たじたじになることもあります。

その後、回を重ねていくうちに一組、二組とシングルマザーとその子どもたちが参加して来るようになり、常連化しています。子どもたちは当然遊び友だちとなり、一部の子は食事より遊びを楽しみに参加しているくらいの賑やかさです。お母さんたちとは個別にお話を伺うこともありますが、彼女ら同士で話が盛り上がっている時は遠巻きにみています。練馬区にはこの二年間で一〇か所以上の子ども食堂が立ちあがったので、彼女たちはここだけでなく、通える範囲の別の子ども食堂にも参加しているようです。食は毎日のこととはいえ、開催側も連日開くとなると相当のパワーが必要で私たちには不可能です。だからこそ小さな地域グループが日替わりで少しずつ子ども食堂を開くのが理想ではないでしょうか。練馬区ではそれぞれが意図したわけではありませんが、なんとなくそんな形が既成事実化してきました。

各ご家庭の状況や事情は、参加し始めた時期や頻度などにより濃淡がありますが、お付き合いしていく中で把握している内容が段々増えてきました。お子さんの学校生活上の悩み、自身の仕事や健康の問題から元のお連れ合いの方との関係など、経験の乏しい私たちにはただ聞き置くだけ……という対応が主ですが、深刻な場合には「しんぐるまざーず・ふぉーらむ」というＮＰＯの活動や知り合いの弁護士グループを紹介したりするなどの用意は整えています。ただ大概のことは、彼女たちの毎回のおしゃべりの中で自然とそれらを含めた情報交換が行われている印象も受けています。

開店は六時なのですが、七時くらいになると遅れてきてこれから食べる人と、すっかり食後の遊びモードの子どもたちが交錯して喧噪さが最高潮を迎えます。狭い所ではしゃぎすぎ、時には頭にコブを作ってべそをかいたりする場面もあります。洗い場も狭いのでボランティアさんたちも必死に工夫してお皿類を片付けます。その他生ゴミ処理を引き受けてくださる方、ラップやレジ袋などの消耗品を参加ついでにお持ちくださる方、ＨＰやリーフレットなどの製作・更新を担当してくださる方など、さまざまに参加者兼ボランティアの方々に助けられて毎回運営していきます。閉店時刻は一応八時ですが、その後も時間の許す限り滞在していく人が多いです。中には八時を過ぎてから現れる定時制に通う高校生もいます。彼女は家族関係で揉まれてきたからなのか、見た目もっと上の年齢にみえる大人びた印象の子で、子ども食堂を始める前からよく居場所活動のイベントに参加していました。今も学校とバイトを頑張りつつ、時間がとれれば自宅とは逆方向となる電車に乗ってやってきます。入ってきたときは暗い表情の時もありますが、食事をするうち、だんだんと表情がほぐれていくのが解ります。その後親子連れが引き揚げて最終撤収するのが一〇時から一一時近くになるのですが、来れば必ず最後に鍵を閉めて出るスタッフと一緒に事務所を出ることになります。彼女に限らず、高校生年代の子は平日昼間の居場所活動メンバーやそのOBで気心も一番知れており、昼間の仕込み・買出しから始まって、夕方開店してからは小さい子たちのけんかの仲裁や遊び相手など、彼らなりの貴重な役割をこなしてくれています。おそらく嬉々として遊びまわる子らに彼らなりの配慮をもって接しているのでしょう。最終撤収までの一時間余りの時間はやっと彼らが自分たちの素の部分を出して、リラックスして過ごせる場面なのかも知れません。そこでの光景は、その日の活動の振りかえり、雑談、お互いの近況報告などです。考えてみれば私たち大人とほぼ変わりませんね。

地域とのつながりの例を挙げるとすると、「野菜のおすそわけプロジェクト」という活動に関わっています。二〇一五年の春に練馬区南大泉の区民体験農園利用者の一人が、活動をスタートしたばかりの私たちを含む区内

食後はリラックスして

の子ども食堂三、四か所の開催日に合わせて農園の区画利用者から野菜を集めて無償提供する試みを始めてくれたのです。いただく側の私たちも農園へ出向いて仕分けや配送をお手伝いし、農園主や他の農園利用者むけ報告会を開いたこともあります。翌年からはより主体的に、子ども食堂有志グループという形で農園内に独自区画を確保し、実際に年間を通じて農作業・収穫もしています。有志グループの中で私たちが最も農園に近く動きやすいこともあって、毎回とはいきませんがちらほらと子どもや若者が畑に来て一緒に作業してくれる機会を持てています。また、夏や秋に開催される農園の夕涼みや収穫祭にも一区画利用者として食堂つながりの親子たちも参加し、自分たちが作っている野菜の育つ様子に触れたり、他の区画から作物を提供してくださる農園利用者の方々と楽しい時間を共有することができました。

そんなある夏の日の子ども食堂開催日の事です。午前中からの収穫作業を終え、事務所まで手分けして野菜を運ぶ途中に突然の大雨が降り出し、両手が野菜でふさがっている一行は傘も差すこともままならず、ずぶ濡れのまま帰ってきたことがありました。そのまま仕込み作業に移り、いつものように子ども食堂が開店。みんなで「いただきます」と食べ始めてやっと一息ついた頃合いをみて、私たちの代表がその日の顚末を全体にむけて紹介したのでした。

「今日は午前中からの暑さと大雨にも負けず、そして仕込みまでずっと一緒に手伝ってくれた◯◯君に感謝です！」

周りからは「お〜、ありがとう！」、「ご苦労さま！」などと静かながらも次々に労いの賛辞が飛び交いました。照れ隠しに黙々と食事する彼を尻目にしつつ、周りに頼りにされる、社会の中で自分に出来る役割がある、ということが年齢を問わず、私たちの人生にとってどんなに重要で元気が湧いてくることなのかを改めて実感した一瞬でした。彼は小・中の不登校時代を経て今は通信制の高校に通いつつ、子ども食堂を含む私たちの居場所活動全般の中心的な存在になっています。大人と子どもが同じ目的を共有し、予想外のアクシデントにも対応・協力して事を進め、何かを生み出すという関係性は本当に楽しいものです。まさしく、「苦楽を共にする」という感覚でしょうか。今の時代、子どもたちは消費者の立場に押し込められています。消費者なのに彼らが自由に使えるお金の力は決して大きくはありません。それでも使った一瞬だけはお客様として尊重されますが、消費し終わった時から見向きもされなくなるでしょう。また彼らは学校生活でも教え込まれる存在として扱われる場面が圧倒的です。分刻みのスケジュールをこなし、同年代ばかりのある種特殊な環境の中で微妙で繊細過ぎる友人関係を無難にこなすことに神経を使う毎日……というのが各種報道からも伝わってきています。私たちのような活動は、学校外（地域）で子どもたちを消費者としてだけでなく、多世代で雑多な人間の中で時には大人と同列に、そして日常生活上での生産者・創造者の立場を体験する機会をつくるというところにささやかな意味があると思っています。そこには消費者として何となく生かされるのとは違う、その人らしく主体的に自分の人生をデザインしていくエネルギー・パワーの源泉があると考えるからです。こうしたエピソードはまだ子ども食堂や平日活動に関係する子ども全体に波及しているわけではありませんが、これからも活動を続行して更に世代や立場を越えた人の輪を少しずつでも拡げていきたいと思っています。

課題・今後について――私たちのルーツを振り返る

私たちは東京・練馬区の片隅で不登校の子ども中心の居場所活動を続けてきて四半世紀になります。最初に立ち上げたのは不登校の子どもを育てる母親たち数人のグループです。当時はまだ筆者も関わっておらず、文部省（現文科省）が「不登校はどの子にも起こりうる」という公式見解を出すよりはるか前で、行政による「適応指導教室」などもなく、学校以外で平日の昼間に子どもたちが活動できる場所はほとんどない状態でした。当然のことながら親子で学校や教育について葛藤し苦しむ日常を送る中でたどりついた到達点として、「学校より命が大事」、「学校の枠組みより個人の多様性の方が広いのが自然」、従って、「学校へ行かないという選択肢は何ら世間から責められる類のものではない」ということでした。ただそうはいっても登校していることが大前提の当時（今でも多分そうですが）の社会情勢の中、子どもの一番の味方である親が、その到達点を言葉だけでなく目にみえる「居場所」として体現することで我が子たちに親の本気さを示すことになるという意図もあったように私には思えます。なにせ何の後ろ盾もない任意の母親グループが事務所用の雑居ビルの一室を借り、それこそ身銭身時間を切って居場所活動を始めたのです。これ以上の本気さが他にあるでしょうか。

子どもたちにとってこのことがどれだけ将来に不安を感じずにいられない場面において、自身に向けられた力強いエールに成り得たか想像に難くありません。それはまた、子を持つ国民、親として我が子の成長・教育の機会を学校（行政サービス）に託すというスタンスを大きく変えるものだったはずです。本稿の文脈でいえば、親が国や自治体が施す教育サービスを当然の権利として使うという「消費者」の立場から転換した、という意味です。それがやむを得ない選択だったとしても、結果として我が子の人生の質を担保するため、親子で「創造者・生産者」、つまり教育の自給自足を目指す道を選択したのです。アメリカを中心とする諸外国で一定程度普及しているホームスクーリングにも通じる動きともいえます。当初は学校からの解放感で子どもたちが元気さを取り戻す一方、同志の少なさや毎日何をして過ごすかに始まり悩み、もちろん親たちは維持運営費用の捻出に腐心もしていたことでしょう。

その後立ち上げから数年が経過し、筆者がボランティアとして参加する頃には立ち上げメンバーの子どもたちは概ね巣立ち、居場所に来ている子どもは後から活動に参加してきた家庭が中心になっていました。どんな活動でも共通する点ですが、既存の活動に乗るのとゼロから創り出すのとでは温度差があります。消費側に一歩近づくからです。ただ後から来た人を嘆くわけではありません。前からいる人間に遠慮もあったでしょうし、「相当な時間悩み抜いたうえでの決断・到達点」と違って、不登校という選択を親自身が本当の意味で納得していない段階から既に周りにある前例を知れるわけで、とりあえず見学に来れてしまう、その結果親の本気さが熟成されないうちに事が動いてしまう、という側面だってあります。そして時間の経過と共に世間で進行してきた中間層の没落、貧困層の拡大や家族形態の多様化なども絡んで、親の身銭身時間を居場所活動に投入するという運営方針は次第に縮小を余儀なくされてきました。会費（月謝）として身銭を切るためには身時間は他で稼ぐことに充てざるを得ないとか、日中ずっと自宅で親子だけで過ごしているのでせめて居場所活動時間帯くらい別々の時間を持ちたいとか、親が障害や病気で会費負担できず、不登校の子どもがこの場を気に入ったとしても利用できない……などのジレンマも顕在化していきます。親だけでなく学生ボランティアも、以前と違って授業の出席やバイトにとられる時間が増えてかなり窮屈になって当てにしにくくなりました。（これが今の学生たちの貧困・奨学金問題に気付く伏線でした）せっかくお金をかけて事務所を常時維持しているのに、責任を持って通ってくる子どもを見守り、一緒の時を過ごせる大人（ボランティア）を確保できずにやむなく閉めざるを得ず、活動時間はスタート時の週五日の午前・午後から、数年前には週一回の午後のみまで縮小していました。

今振り返ってみると気付くことがあります。活動継続がどんどん厳しくなっているのに、筆者自身の稼ぎ仕事や家庭事情も急激に忙しくなり心の余裕は全くありませんでした。危機が目前にあるのに回避行動を起こせない状態は、今、貧困に苦しむ家庭やそれを貧困と認識することすら難しい子どもたちの現状と重なる部分があるということです。貧困とは経済的なことだけを指すのではなく、「社会とのつながり・関係性の貧困」という側面があることも遅まきながら知りました。当時の私たちは地域にありながら、地域を意識した活動はほとんど出来ていませんでした。本当に維持運営が厳しいならば、ボランティアとして身時間を切るだけでなく当事者として身銭も投入する。それで足りない分はこの際、広く地域の他者に助けを求めたらいいのではないかと、ようやく踏ん切りをつけました。なんとか縮小局面からの脱出を試み始めた私たちは財政事情を公開し、それまでの不登校家族からの会費制を廃止し、この場が必要だと考える個人がその立場に捉われず自分の出せる金額を自分の責任で拠出する運営方法に切り替え、再スタートを切りました。そしてほどなくして本稿冒頭に書いた牧師さんからの呼びかけがあったのです。

地域（学校外）にも子どもたちの育ちを保証する場があってよいはずだ。そう再始動したところ、予想以上に地域には物心両面で手を差し伸べてくださる人々の存在がありました。感謝です。こうして創造的な要素が少しずつ増え、ふと気付けば大人たちも以前より自然とワクワク元気になってきた気がします。特に子どもたちとの食事・おやつ作りは一貫して居場所活動の根幹でもありました。ならば今までの子どもたちに限らず、もっと広く地域の親子にも食事を名目に利用してもらえばいい。それが、「石神井ゆうやけ子ども食堂」の始まりです。そして自分たちに出来ることを子どもや親たちとささやかに続ける。困ったら周りに助けを求めることをいとわない。地域の子どもを受け入れながらも地域にも支えられるという、お互い様の関係性の延長に私たちが子ども食堂を続けようとする意味があります。現在、平日活動はまだ週二回のままなので、今後の課題はたくさんあるといえます。

2016/ 9/ 2

子ども食堂NEWS No.5

～石神井ゆうやけ子ども食堂の活動紹介～

●最近の様子●

春先から断続的に畑での作業や収穫物の仕分けに参加しています。大人だけの日もありますが、開催日当日や直前というタイミングで、子どもたちも都度メンバーが入れ替わりながら畑に来て作業してくれています。暑い日には短時間でも流れる汗をかき、作物の成長スピードや大きさ（特にズッキーニ）に驚いたり、採れたて野菜をその場で味見したり・・・。最近は土砂降りの中、大人と一緒に畑から野菜を運んでくれた子もいました。農園主や先輩塾生（区画利用者）の方々、わたしたちが参加できない時も含め、まとめ役のむらやまさん、配送担当の河野さん（桜台子ども食堂）にも引き続きお世話になっています。また石神井の畑グループや個人の方からも時折お野菜が届きます。現在の冷蔵庫のキャパが小さい為、たくさん取れた時はご近所のお宅の冷蔵庫とキッチンをお借りしてしのいでいます。助成金が取れて冷蔵庫を買い替えられるといいのですが。また参加者のおひとりの方の尽力でHP（http：//www. yuyakekodomo.sakura .ne.jp/）の開設にもこぎつけました。よろしければ上記アドレスもご参照ください。

定期開催を続けてきたおかげで、常連の子どもたち同士の関係が少しずつ滑らかになってきています。一方でほぼ毎回、一般参加者・見学者の方、又は新規の親子もいらっしゃいます。この活動が、参加者のみなさんの日常の一部になれたらいいなと考えています。

回	開催日		メニュー	食数計	内訳 大人	こども	出前
30	4/17	日	四色丼（鶏そぼろ　いんげん　たまご　たけのこ）、白和え（菜花　人参　しめじ　こんにゃく）、じゃがと玉ねぎの味噌汁	38	30	6	2
31	5/6	金	ハンバーグライス、じゃがのきんぴら、小松菜のお浸し、里芋の煮物 防災メニュー（豆　イカ　ひじき）ほうれん草と新玉のサラダ　味噌汁	38	30	7	1
32	5/15	日	お子さまランチ＆筍の中華スープ（チキンライス　ハンバーグ　NY風オムレツ　ポテトサラダ）	36	25	8	3
33	6/3	金	アジフライ＆ミニエビフライ　キャベツと厚揚げの炒め いんげんと人参のナムル　ほうれん草のお浸し　大根・きゅうり・昆布の塩もみ　オニオングリーンサラダ　ごはん　素麺のスープ	38	23	10	5
34	6/19	日	タコライス　NY風オムレツ　いんげんの胡麻和え ズッキーニとヤングコーンのスープ　メロン	34	26	7	1
35	7/1	金	具だくさんのキーマカレー＆白米・玄米　フライドポテト 野菜のソテー　トマトときゅうりのサラダ　ピクルス　マンゴー	34	21	8	5
36	7/17	日	夏野菜のチキンカレー＆白米・玄米　シーチキンサラダ　枝豆の塩茹 ナスとピーマンの味噌炒め　ヨーグルトブルーベリーソース	41	21	13	7
37	8/5	金	鶏の南蛮漬け　ナスとししとうの煮つけ　きゅうりとフルーツトマトのサラダ　じゃがとピーマンのガーリックソルト＆チーズ　ごはん	35	20	13	2
38	8/21	日	夏野菜のポークカレー＆白米・玄米　コンソメジュレのサラダ ゴーヤ炒め＆塩もみ　フルーツ盛り（梨　パイナップル　甘熟トマト）	41	25	12	4

Topics

4/2（日）　ご近所の真宗会館で開催された「花まつり」に、ねりま子ども食堂さんとともにブース出店しました。第3世界ショップのスリランカカレーやチャイなどを販売しつつ活動紹介しました。

4/23（土）　南大泉の「緑と農の体験塾」内におすそわけ野菜プロジェクトの区画が確保できたことを受け、ミーティングを開催。今年度の活動骨子について話し合いの後、早速畑で作業開始しました。

8/6（土）　「緑と農の体験塾」の夕涼み＆花火鑑賞会に親子二組、鈴木、さとうで参加しました。いつもの時間帯と違う畑の雰囲気と賑わいでした。

8/8（月）　近隣の「南田中図書館」にて、石神井ゆうやけ子ども食堂、及び「なゆたふらっと」の活動が展示紹介されました。（8/31まで）

8/25（木）　今や全国的に拡がった（300箇所はあるのでは・・・とのネットワーク内の感触です）子ども食堂ですが、「子ども食堂をつくろう！」（明石書店）という書籍が刊行されました。先行事例のひとつとして、巻末章に以下の紹介記事が収録されました。

●ある日の高校生のつぶやき●

「普段いろいろ嫌なことがあっても、とりあえず
　ゴハン食べておなか膨れると落ち着くよね～」
「アタシ、家ではほとんど会話ないけど、
　ここではなぜか話す事あるんだよねぇ～」

ああ、今日は予測より人数少なくて余りそう～、今〇人残っているから、残った野菜の分け方は・・？あ～！あの方に声掛けする前に帰っちゃった・・などど、未だ毎回あたふたとテンパってるなか、傍らからこんなやり取りが聞こえてくるとほっとします。もちろん話す事が楽しい事ばかりではなく、嫌なことの愚痴だったり相談だったりもするし、彼女とて毎回参加するわけでもない。ただ子ども食堂の活動を始める前からの居場所活動メンバーとして細く長くこの場に繋がってくれています。

“悩みはひとりで抱え込まず適切な人に相談するのが大切“とはいえ、立場のある人に時間・場所を設定され「はい何でも聞きますよ、どうしましたか？」という進め方にはなじまない局面だってある気がする。日頃からある程度の時間を共有して、お互いの気心が知れた頃の「落ち着くよね～」というタイミングでこそ、「そういえばこんなことがあってさぁ・・」という何気ない貴重な瞬間が訪れることもある。

さて〇ちゃん、その話上手く乗り切れるといいね・・・（さとう）

☆おなかすいたら たべにおいでよ☆

石神井ゆうやけ子ども食堂

東京都練馬区
石神井町1−24−6　原田ビル3F

開催日：第1金曜、第3日曜 18:00～20:00
連絡先：03−3997−9324（活動時間帯のみ）
メール：nayutaflat@gmail.com
参加費：子ども（中学生まで）100円、大人（高校生から）300円
主　催：「なゆたふらっと」と「野の花伝道所」による共催

★始めたきっかけ
主催団体の周辺には、以前よりシングルで子育てしている方や孤食の独居者などといった日常が存在していた。子どもの貧困が社会問題化する中で、主催2団体の代表が2014年秋に「要町あさやけ子ども食堂」を見学し、地元での開催を後押ししていただいたことがきっかけとなった。

★活動内容・特徴
居場所活動には日常生活（時間・空間）をその場のメンバー（仲間）で共有するという側面がある。日常と食事は密接であり、以前から小規模に続けてきた〝みんなで食事をつくって食べる〟活動を「子ども食堂」としてもう一歩地域にひらくことで、より多様な参加者が集まってきている。

★開催してみて感じたこと・考えたこと
子どもの貧困問題を「子ども食堂」だけで解決できるわけではないが、食は日常であり長く継続していくことで、世間の関心を一過性に終わらせず、より実効性のある社会的施策の実現や、〝地域のお互いさまネットワーク〟の維持・再構築に寄与したい。子どもたちには、親や先生以外の大人の存在や複層的な人間関係のおもしろさ・可能性を伝えたい。

資料　「子ども食堂をつくろう」
第5章より（明石書店発行）

9

保健室からのちょっかい
わくわくどきどき元気いっぱい
養護教諭の私も元気になって

元小学校養護教諭　石田かづ子

冒頭に　――是枝裕和監督のことば「これを撮ることをしなければ、前へ進めない」から勇気をもらって

二〇〇四年四月一日、私は千葉市立稲浜小学校に赴任しました。全校児童たった九三人の学校です。

校庭で戯れる子どもたちを職員室の窓から眺める毎日。健康診断では「背は、からだの何が伸びるのかな？　目は、どんな働きをしているのかな？　目は出っ張った脳だよ」と話します。そ

して「ああ、この子の皮膚カサカサだな」と思います。でも気持ちはそこにありませんでした。子どもの名前をちゃんと呼んであげていたかも、定かではありません。私は、本当に子どもを守り育て、ケアできるのだろうかと、養護教諭としての自信を失っていたのです。

　稲浜小学校への赴任は、不当人事でした。赴任して一段落した五月から六月にかけて、教育委員会の教育長と教育部長が私の〝働きぶり〟をチェックするために来校しました。私は、教育委員会の管理下にあったのです。校長も、私の保健室における仕事ぶりを厳重に管理し、子どもが保健室に入ると、必ず様子を見にやって来ました。校長は、その一部始終を教育委員会（教育長）に報告していました。

　私は、前任校の高浜中学校で、校長の〔注〕職務命令により保健室閉鎖を余儀なくされました。〝保健室に生徒が大勢来ている。養護教諭が生徒の話を受容しすぎている〟というのが理由です。

　きっかけは、私が、ある女子生徒が家庭で受けている傷害暴力を解決しようと動いたことでした。彼女は、保健室で「母との関係がうまくいっていない。悩んでいる」と日々訴えていました。ある日、遅刻して保健室にやって来た彼女は、怪我をしていました。私は、傷の手当をしながら「この傷を校長先生に見てもらっていい？　どうしてこんな傷ができたかを校長先生に話せる？」と、打診してみました。女子生徒の了解を得られたので、一緒に校長室に行きましたが、校長は困った顔をしただけでした。

　その後、私は校長に女子生徒の処遇について相談し、児童相談所に通告をすべきだと主張しました。女子生徒は母親との関係に悩んでおり、事態が深刻なので、専門機関が介入したほうがいいと判断したからです。しかし校長は、学校名や校長名を出すことを嫌がり、ためらっていました。

その後、校長、教頭、学年主任の教師三人が、女子生徒と母親を呼んで聞き取りをしました。そうして下した判定は、「石田が虐待の疑いと主張したことは誤りである。怪我の原因は女子生徒の自傷行為であった。石田の女子生徒のかかわり方は、まちがっていた」というものでした。私は、慎重に対処すべき事例に、学校をあげて大勢の教師で介入したことに愕然としました。女子生徒の気持ちを想像するといたたまれない思いでした。

さらに、その判定が、人事の具申のひとつとなり、私は高浜中学校を追い出されてしまいました。生徒の人権を無視し、問題の核心がねじまげられたことに、私は怒りと悔しさでいっぱいでした。その思いを誰かに聞いてほしいと思い、光元和憲先生（ちば教育心理研究所所長・臨床心理士）のクライアントになりました。

新任校での仕事に気持ちが入らないまま、私はクリニックに向かいました。「どう、こんどの学校の子どもたちは？」と光元先生が聞きます。「ええ、私が、太っているでしょう。先生のズボンは、どうしてシワがないの？　って、聞くんですよ」と答えると、光元先生は「なあんだ！　石田さんは、今の学校の子どものことも、かわいいと思っているじゃないか！」と私の底にある気持ちをぐいっと引き出してくださったのです。その瞬間、私の脳裏には九三人の子どもの顔が浮かび、名前を呼んであげたいと強く思ったのでした。

同じ時期、是枝裕和監督の「誰も知らない」という映画を観ました。実際の事件に基づく作品です。父親のちがう四人の子どもたちが、アパートの一室で生活しています。学校には行けない。

外に出ることも母から禁止されていました。でも、彼らの生活の楽しみ方が、いかにもたくましい。カップラーメンの容器に播いた種が芽を出して風に揺れるシーン。四人で育ちあう姿が、学校の校庭で戯れる子どもたちと重なりました。是枝監督は、「これを撮らなければ前へ進めない」とパンフレットに書いていました。

是枝監督の言葉にはっと我に返り、私自身の現実に目を向けました。私は、稲浜小学校の養護教諭なのだ。子どもを育て、発達を援助し、ケアをするのが私の仕事なのだ。実践を通じてそれを証明しなければ前へ進めないと、目を開いたのです。

子どもに向き合うことで再出発

千葉大学名誉教授・城丸章夫氏から長い励ましの手紙をいただき、闘い方を学んだことも、私が元気を取り戻すきっかけになりました。

（略）これは、教育の仕事について何も知らない人が権力を利用して勝手な支配をしようとする人間のよくやる手口です。（略）国民教育とは、国民の形成を目的とする教育です。国民がお互いに相手を理解し尊重しあい、安心して暮らすことのできる社会を作り出すことです。不満は話し合って、ゆっくりと解決するということです。ましてこういう社会こそが、また諸民族・諸国民と安心して共存することを可能にしてくれます。（略）現在文科省が考えているような学力差や貧富差に応じた教育をするということは、反国民的であり、国民に分裂と差別を持ちこむことであります。

（略）近年の教育界では、「能力」や「教養」に乏しい教師、つまり思想のよくない教師は、懲らしめとして「講習」を強制し、それでも教育行政や権力者の見解や要求に従わないものには、「能力」や「教養」が欠落しているとして教職から追放するということが、少なからず行われています。

私は、これらのやりかたは、戦前の特高のやり方を継承しているものだから、注意深く対応する必要があると考えます。何が重いか軽いかをよく考えて、重いものを守るために、軽いもので妥協しておくなどというやり方も、ときには必要になるかもしれません。

しかし、対応の基本には、保健室を使わせないのは、管理権の乱用であり、自分が知りもしないことに干渉することは管理者の重大な人権侵害であり、また、学校教育法第二八条の違反であることに確信を持つべきです。つまり、社会的、公共的立場から見て、労働の有用性を破壊する、人道に対する犯罪であるという確信を持つべきです。……（略）

私は、「職務命令により保健室を閉鎖する」という異常な事態をどうしても許せない気持ちでした。若気の至りという年齢でもありません。孤立させられても、おかしいことには黙っていることはできませんでした。しかし、さすがに不当人事で追いやられ、気持ちが沈んでいました。

城丸先生からいただいた手紙を何度も読み、教育の仕事について学びなおしました。理論を武器にするため、いっそう学んでいこうと決意しました。そして気持ちを奮いたたせ、稲浜小学校の子どもに向き合ったのでした。

小さな子どもの世界のすてきな学校——仲良しこよしの集団でいいの？

稲浜小学校では、地域の方が、校庭に小川が流れるビオトープを作ってくれていました。岸辺にガウラの白い花が咲く小川の上流には、松の木や椎の木が植えられたこんもり緑の築山がありました。地域の方も集える学校のようでした。自然の中に、子どもたちが育つための、小さくてステキな世界が作られていました。

この地域の多くの子どもが、同じ幼稚園に通い、小学校、中学校も同じです。育ちあうとはいえ、同じ集団のままです。大人の間には、親同士が仲良くしなければいけないといった、ちょっと窮屈な近所付き合いの関係もありました。

学校内に、争いはよくないといった無言の道徳的な決まりがあるように感じられました。穏やかでおとなしく、とてもいい子たちなのですが、相手に思い切りぶつかっていったり、とっくみ合いやけんかをしたりといった、子ども本来の野性的な面は感じ取れませんでした。

五、六年生の女子の間では、小集団でのいじめやゆがんだ仲間関係（三人対二人・四人対一人）が生じていることもわかってきました。これは、子どもたちが仲良し集団から脱皮して、本音を出し合う仲間関係を求めようとする、子ども本来の発達のあらわれだと思いました。

私がちょっかいを出すことでダイナミックな取り組みができたら、優しい面を残しながら、もっと逞しく育ちあうことができるのではないかと夢を描きました。

もっと活動的活発な子どもに育てたい ——保健室からのちょっかい

稲浜小学校は小さい学校なので、保健委員会と体育委員会がひとつになって、保健体育委員会と称して活動していました（後に保健体育給食委員会となりました）。私がその委員会の顧問です。初めての話し合いの日、前期の活動を決めました。私は「みんなが元気になることをやってみようよ。しかも楽しくできることを」と子どもたちに呼びかけました。

子どもたちが話し合って決まったことは、「低学年向けの活動は、遊具の使い方を教える」「高学年は、四年生、五年生、六年生の合同ドッジボール大会をやる」でした。高学年の取り組みでは、本気を出してたたかうことを目標にしました。この子どもたちには、ぴったりの目標でした。それまでは常に手加減をしており、全力を出してこなかったのです。

本番では、ボールが超スピードでビュンビュン飛び交いました。汗をかき生き生きした顔が、取り組みの成功を象徴していました。子どもが燃え、力を出しきり、やる気になったときの顔のすがすがしさを実感できました。こんな取り組みが子どものやる気や意欲を育てることにつながるのだと、私は保健室で次のちょっかいをもくろみ始めました。

子どもが燃えて〝一気に目覚める〟棒反応テストの取り組み

九月、発育測定の時間を利用して、脳の覚醒状態を測る棒反応テストを実施してみました。子どもに好評で、先生方もデータとして学級指導に役立つということで、恒例の取り組みとなりました。「棒反応テストをやります」と呼びかけると子どもたちは、「ようし！」とやる気満々になりました。（日本体育大学教授・野井真吾氏にご指導いただきました。）

棒反応テストのやり方

①利き腕を机の上に水平に置かせて、手首は机から離し棒を握る用意をしてもらう。②棒は五〇cmの長さのものを用意する。③棒を握る準備をし、真上からいつ落とされてもいいように気持ちのコントロールをしておくようにする。④棒を落としたとき、棒の下側からいち早く握った位置を測定する。⑤測定値は五回測定し三回の平均値をとり、標準値（表１）と見比べる。

男子（cm）			
年齢（学年）	Active 生き生きゾーン	Normal 普通ゾーン	Inactive 心配ゾーン
6歳（1年）	〜29	30〜43	44〜
7歳（2年）	〜28	29〜40	41〜
8歳（3年）	〜26	27〜37	38〜
9歳（4年）	〜24	25〜34	35〜
10歳（5年）	〜19	20〜28	29〜
11歳（6年）	〜17	18〜25	26〜

女子（cm）			
年齢（学年）	Active 生き生きゾーン	Normal 普通ゾーン	Inactive 心配ゾーン
6歳（1年）	〜28	29〜41	42〜
7歳（2年）	〜27	28〜38	39〜
8歳（3年）	〜26	27〜36	37〜
9歳（4年）	〜24	25〜33	34〜
10歳（5年）	〜22	23〜31	32〜
11歳（6年）	〜20	21〜29	30〜

表1

また、表2は、二〇〇八年の棒反応値の学年平均です。前年度と比較すると学年の集団の傾向がわかります。

前年度よりぐっと活動的になった学年（二年～四年）は、いつも外遊びを楽しんでいました。前年度より数値がよくなかった五年生、六年生には、遅く寝る子がいたり、友人関係のトラブルがあったりしました。さらに六年生は、教室内でやることが多いせいか、外で見かけることがあまりありませんでした。このように、棒反応テストからは、子どもの健康課題や発達課題も見えてきます。また、個人単位で「生活調べ」（生活習慣の調査）も同時に行いました。

(cm)

	男子棒反応値	昨年数値
6歳（1年）	28.8　普通ゾーン	
7歳（2年）	25.1　生き生きゾーン	31.3
8歳（3年）	19.4　生き生きゾーン	19.5
9歳（4年）	14.8　生き生きゾーン	25.7
10歳（5年）	21.1　普通ゾーン	17.3
11歳（6年）	20.9　普通ゾーン	15.8

(cm)

	女子棒反応値	昨年数値
6歳（1年）	30.4　普通ゾーン	
7歳（2年）	24.0　生き生きゾーン	27.4
8歳（3年）	17.7　生き生きゾーン	22.3
9歳（4年）	19.7　生き生きゾーン	23.2
10歳（5年）	21.4　生き生きゾーン	17.6
11歳（6年）	14.0　生き生きゾーン	16.4

表2

やる気むんむん――全校リレー大会

子どもは、自分の力を限界まで発揮する機会を与えられ、仲間と力と力をぶつけ合ったときに、発達の節を乗り越えるのではないか。私は、小規模校の小学校では、それを意識しなければならないと考えました。そこで、保健体育委員会で、「思いっきり力を出して走ろう！」と全校リレー大会を呼びかけました。チームの組み合わせは、一年生と六年生、二年生と五年生、三年生と四年生です。作戦は、チームで話し合います。

優勝チームには、粘土でつくった金メダルを授与します。メダルは、保健体育委員会が作りました。粘土をこね、お団子にして、ペッタン、ペッタン、まあるい形を作りながら、おしゃべりに花が咲きます。子どものおしゃべりを盗み聞きして、次の取り組みの仕掛けを考える私。メダルには、紐を通す穴を開けて、模様を描き、素焼きをした後に色をつけます。二回焼きをして、リボンの紐を通して完成。できあがったメダルはまるで芸術作品です。陶芸の粘土を分けてくれた私の友人、釜で焼いてくれた中学校の先生。周囲の大人たちにもたくさん助けてもらいました。

リレー大会では、走る力量からいっても、一年生と六年生チームの優勝は考えられません。しかし、一年生と六年

粘土で作ったメダル

全校リレー大会

生チームが優勝した年がありました。そのときは、一年生には、歩くのも大変な脳神経の病気の稜ちゃん（仮名）がいて、どうするのかなあ少し心配でした。それが本番では、六年生と六年生の間に稜ちゃんが一mぐらい走り、あっという間にバトンは六年生に。〝すごい。六年生は、成長した〟と、涙があふれるのを必死に我慢しました。

力と力をぶつけ合うばかりでなく、子どもたちがお互いの力やからだの状態を知り合い、誰が先頭で、誰が誰にバトンを渡せばよいのか、だれがアンカーになればいいのか、知恵を出し合い学んでいる姿が、教師集団にとっては大きな喜びとなりました。

この全校リレー大会も、恒例の取り組みとなりました。

ステージ発表（二〇一〇年二月一九日）――脳を働かせてレッツ・GO

「家に帰ってから夕飯まで眠るんだけど、授業中眠たいなあ」「友だちとトラブルをおこして、ついキレちゃう」「家に帰ってからも外に遊びに行きたい」　保健体育給食委員会でのおしゃべりや、生活調査で、子どもたちのからだの様子もわかってきました。そこで、脳の働きを学ぶことを提案してみました。

子どもたちと一緒に脚本を作り、舞台で発表をします。脳の働きを教えてくれるのは、正木健雄先生。日本体育大学名誉教授、本当の博士です。実は、事前に脚本をお見せしたとき、正木先生には、「脳への入り方がちょっとちがうな。もうちょっと勉強してください」と言われてしまいました。専門家としての厳しいアドバイスです。しかし直す時間もなく、不足点は正木先生にアドリブで補っていただきました。最後に正木先生と出演した子どもたちとで記念写真を撮り、みんな大満足でした。

この劇の後、私はいっそう元気を取り戻し、子どもたちと一緒に次はどういう取り組みをしようかとワクワク考えることができるようになりました。退職にあたり、同僚からの「先生は、養護教諭の仕事は、天職でしたね」という言葉は、最高の勲章となりました。

観ている子どもたち　脳を働かせてレッツGO

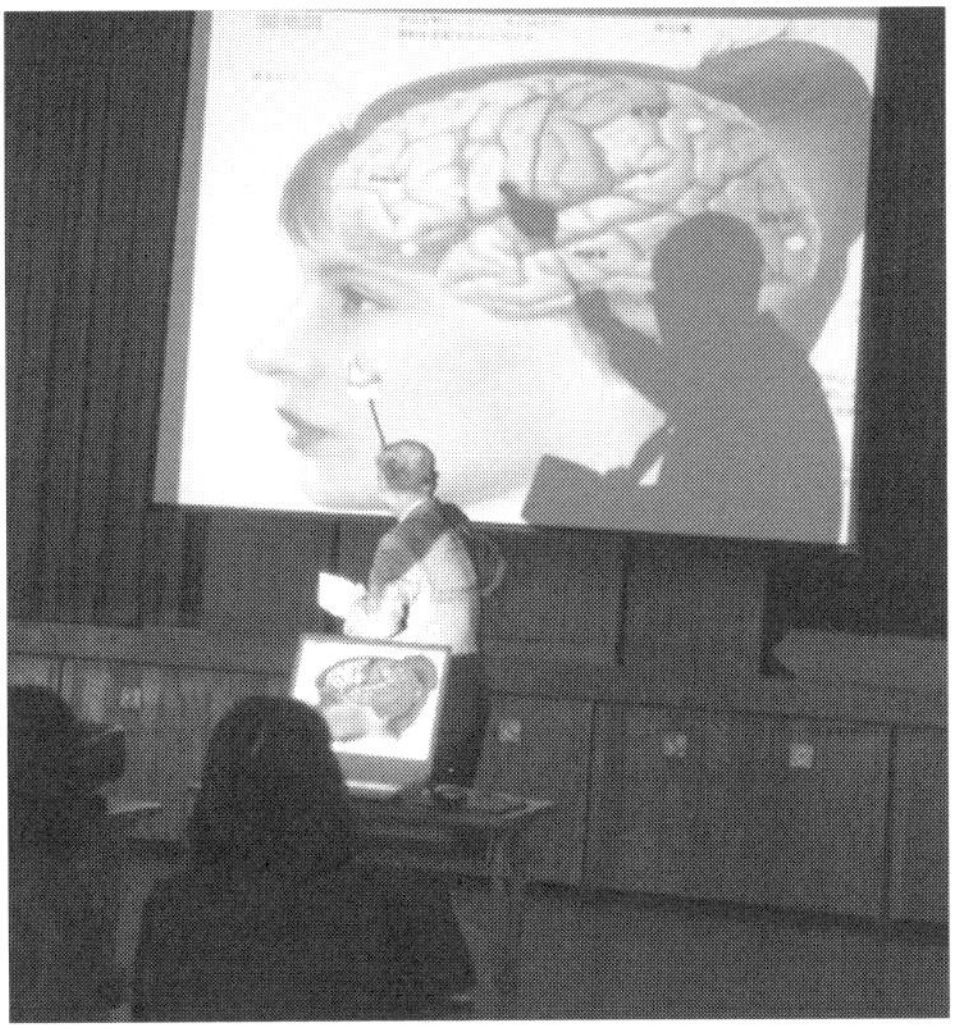
特別出演　博士の正木健雄先生

資料

子どもたちがおしゃべりしていた中から、調査項目を見つけ調査したものを、脚本の中に取り入れ、パワーポイントで劇中に入れました。

脳を働かせてレッツＧｏ　脚本

〈プロローグ〉
ナレーター　ある日の保健体育給食委員会のときのことです。
委員長　こんど発表することについて話し合います。考えを出してください。
委員1　えー！　インフルエンザのことがいいんじゃない！
委員2　だって、みんなインフルエンザにかかってしまったんじゃない。意味ないよ。
委員3　ねえー。ちょーねむいよ＾。
委員4　まじ　めんどうくさい。
委員長　うるさい！　静かにして。四年生五年生考えを発言してください。
委員5　家に帰ってから夕飯まで眠るんだけど。そしたら、夜いつまでも起きていられるよ。これって、眠りと脳は関係あるのかな？
委員6　授業中眠いよね。

委員3　先生にわからないように、教科書を立てて少し眠っちゃうよ。
みんな　いけないいんだー（笑う）
委員長　ほかにも、夕方眠っている人いるのかなー。授業中に眠くなる人いるのかなー。じゃあ、アンケート調査しよう。
ナレーター　こんなわけで、保健体育委員会は、「脳」について発表することになりました。アンケート調査では、おもしろい結果がでています。でも、私たちは、脳を持っていながら、脳についてよくわかっていません。そこで、きょうは、脳の博士「正木健雄先生」といっしょに、脳の中を探検することになりました。みなさんもいっしょに探検しましょう。脳の中はいったいどのようになっているでしょうか。わくわくどきどきです。
博　士　はいはい！　脳の博士　たけやん博士！　うっふん！　では、いろいろ解明するために、脳の探検をしましょう。さあ、脳の中に入りますよ。
みんな　レッツGO！
委員7　オー、ノウ！
〈第一場面　脳の全体　つくり〉
みんな　さあ、髪の毛を押し分けて行こう！
委員6　ねえ、髪の毛って何のためにあるの？
委員2　脳を守っているんじゃない！
委員4　じゃあ、おじいちゃんみたいにはげている人は、守っていないの？

委員長　年をとってくると、髪の毛はうすくなってくるんだよ。何よりも一番守っているのは、頭の骨だよ。

博　士　人間脳　動物脳　植物脳　の話

〈第二場面　脳幹の探検〉

ナレーター　脳のつくりっておもしろいですね。生命を維持している脳幹の働きってすごいですね。脳幹の研究で、犬の脳を切ってしまい、脳幹に刺激を与えると、きちんと反応する。心臓よ動けといわないでも、動いているのも、脳幹の働きですね。では、みんなが脳幹を探検するところをみてみましょう。

委員1　ここはどこ？

委員2　線やコードのたばみたい！

委員3　きっと、脳幹というところだよ。

博　士　アドリブ

声だけ

委員3　調査「夜眠くならないことがよくある」と答えた人は、三〇人（三七・〇％）もいました。眠る時間でないのに学校から帰ると眠くなって眠る人がいました。

委員2　私も一年生のころ学校から帰ると、夕方よく眠っていました。からだが疲れて眠たいよと合図を送っていたのでしょう

夜ねむくならない
学校からかえるとねむる

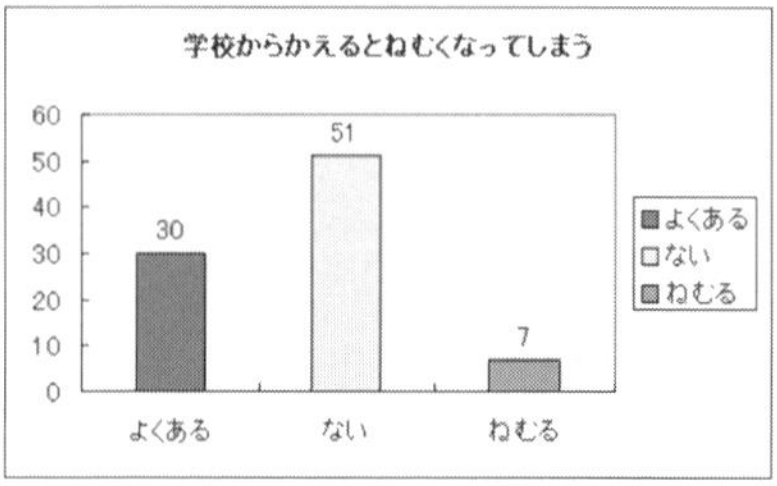

か。それとも大脳が疲れて眠らせてと、脳幹に命令を出していたのでしょうか。
博　士　アドリブ
〈第三場面　大脳辺縁系の探検〉
委員6　ずいぶん奥に進んだね。
委員7　ここはどこだろう？
委員6　気持ち悪い～
委員7　大脳辺縁系ってて書いてあるよ。
博　士　大脳辺縁系の話
委員5　そうなんだ。調査があったよね。「朝ごはんを食べない。食べたくない人が二一人（二五・九％）いました。
委員6　食欲って大脳辺縁系が命令しているんだ。
委員7　ぼくおなかがすいたあ。
委員5　調査「友だちとよくトラブルをこす。キレやすいほうだと思うと」と答えた人は、三六人（四四・四％）もいたよね。
ナレーター　いかりや、キレるところも大脳辺縁系が命令しているよ。反対に落ちつく、穏やか、いい気もちを命令しているよ。いい気持ちをたくさんつくれば、怒ることもキレることもおさ

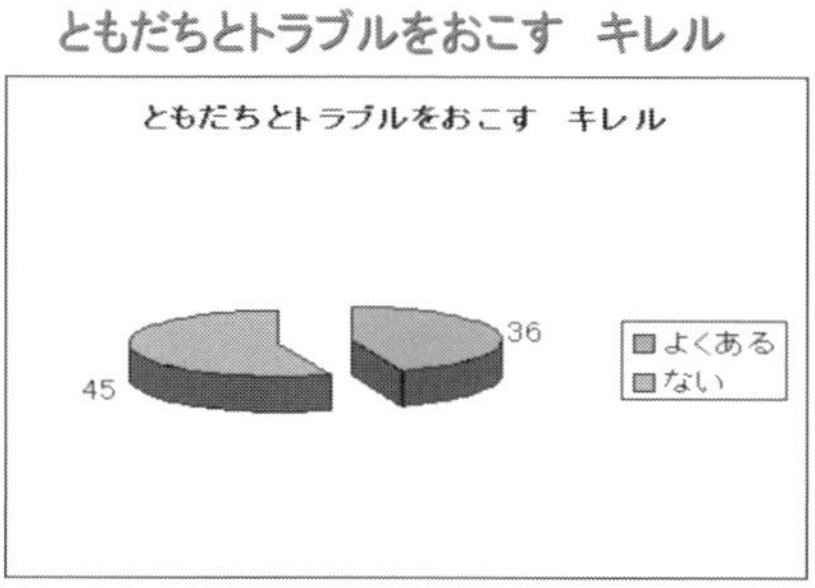

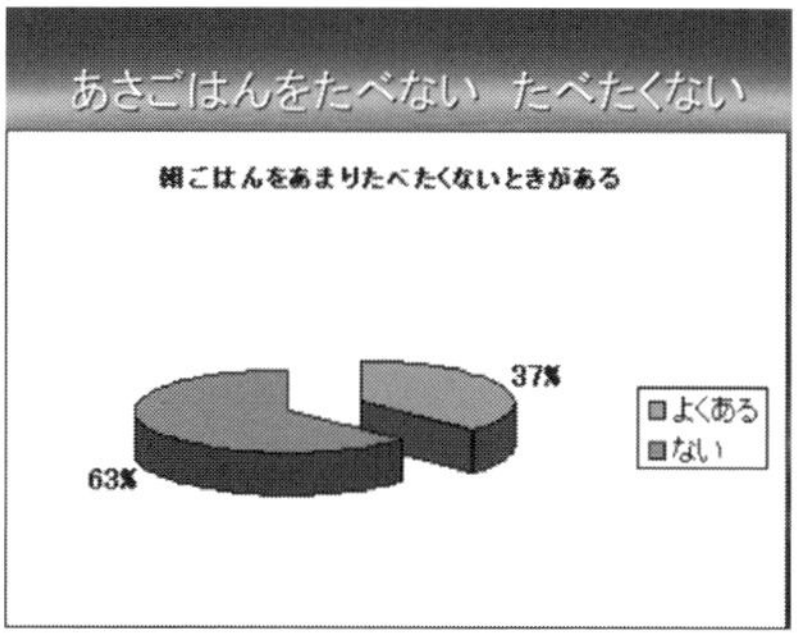

えられるのではないでしょうか。

博　士　アドリブ

〈第四場面　大脳新皮質の探検〉

声だけ

委員3　大脳新皮質だ。やわらかい！

委員2　しわしわだあ。

ナレーター　三ミリの厚さの大脳新質は、しわをのばしていくと、新聞紙二ページ分の大きさになります。

委員3　へー、そんなに大きくてしわしわに縮まっているんだ。初めて知った〜

委員2　この大脳新皮質は、人間が一番大きいらしいよ。

委員2　えっ、本当？

ナレーター　他の動物の脳を見てみましょう。ワニですね。イルカです。イルカの脳もしわしわが多いですね。鳥、ねずみです。ゴリラは人間の脳の形に似ています。

委員1　おもしろいね。人間の脳ってどうして大きいのだろう？

ナレーター　大脳新皮質をつくっている細胞をみてみましょ

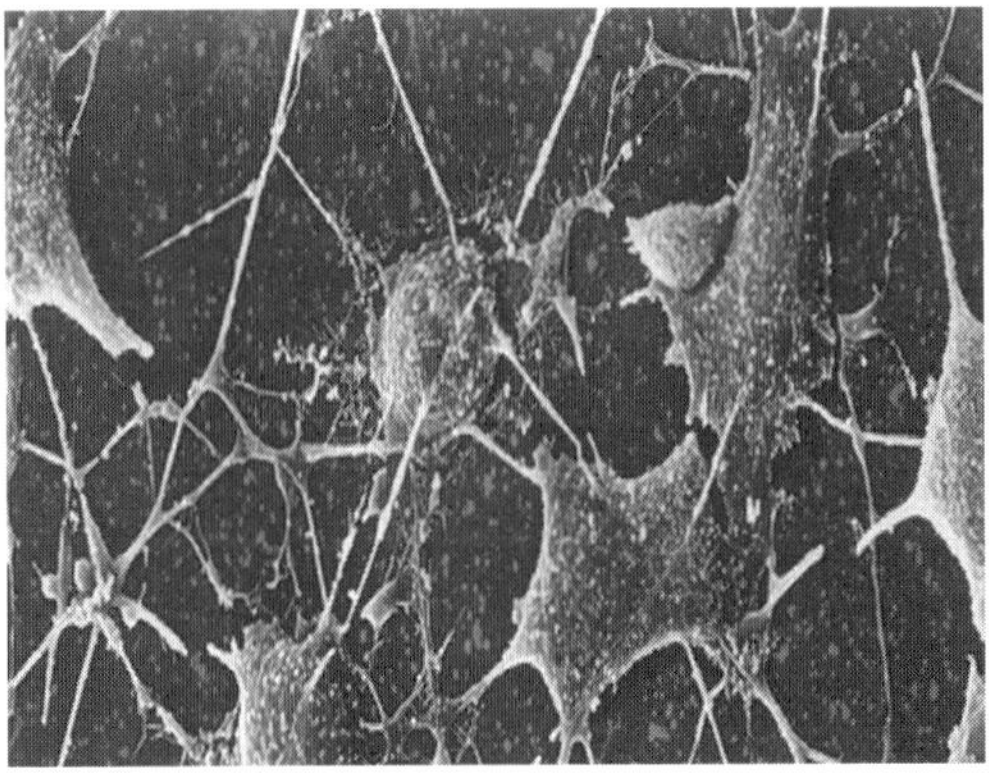

う。人間は、生まれたときから、脳の細胞を一六〇億ぐらいもっています。他の動物とくらべてみましょう。ゴリラ、ねずみ、犬に比べてみても、人間が一番細胞の数も多いです。

委員4　人間の脳ってすごいんだね。

博士　では、クイズだよ。脳の細胞の数は、何歳になっても増えないけれど、重さは増えていくよ。生まれたときは、四〇〇グラム。みんなぐらいだったら、八〇〇グラム。大人では一二〇〇～一四〇〇グラム。細胞の数が増えると思う？　ヒントですよ。この細胞をみてみましょう。固まっているものがあって、線のようなものがありますね。これがいくつも重なり合ってつながっていますね。

委員2　えー！　じゃあ、軸みたいなものが増えていくのお？

博士　はいはい！　重さが増えるのは、こういう訳なんだ。これが、生まれたときの赤ちゃんの脳細胞。この人がお母さんってわかってほほえみがでるころ。生まれて三ヶ月のときの脳細胞。そして、もうおしゃべりもできて走ることもできるし、友だちに興味をもって遊ぶこともできる二歳ころのだよ。何か変化に気がついたかな？

委員4　何か軸やかたまりがいっぱいふえているみたい。

博士　そうですね。いいところに気がついていますね。脳の細胞のひとつはこんな形です。新しいことがわかったら、線のような伝えるところが、次の細胞につながっていくのです。つながっていくところに、少し膨らんだ線ができてまたつながっていきます。重さが増えるのは、この伝える軸やかたまりがいっぱいできてつながって増えていくのです。

委員2　へーそうなんだー！　じゃあ、授業中に先生の話を聞いて勉強をしているときは、脳細胞が次の脳細胞に伝えて、線が増えているということなんだ！

博　士　そうですね。いいところに気がつきました。

〈第五場面〉

委員1　博士！　質問です。調査で、授業中ふらふら歩きたくなってしまうという項目では、さすが「ない」と答えた人は八〇人でした。落ち着いて授業が受けられるのは、脳が働いているということですか？

博　士　アドリブ

委員2　次のことも教えてください。調査の「休み時間や家に帰ってすぐ外に遊びに行きたいと思うことがよくある」と答えて、外に遊びに行きたい人は、六〇人（七五・三％）。このことは、脳が働いていることですか？

博　士　アドリブ

委員3　そうなんだ！　本当は、勉強しないで、遊んでいたいよね。

委員4　遊んでばかりいたら、脳は働かないよ～

委員3　そうかな？　遊びだって手や足をつかったり、考えたりするのになあ～

委員1　では、博士、次はすごくむずかしいのですが……調査の

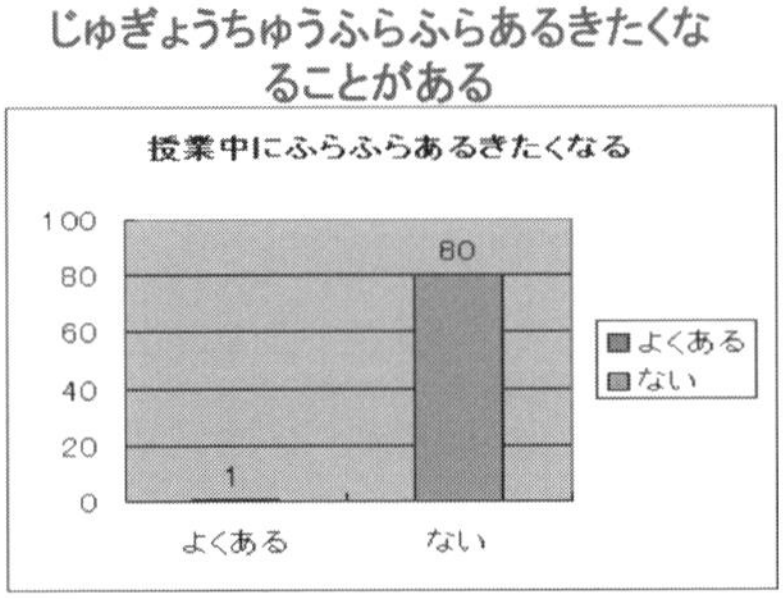

「先生やおうちの人の意見に反対の気持ちがあるが、いつもがまんして、何も言わないことがよくある」と答えた人は、三二人（三九・五％）でした。これは、脳が働いていないことですか？

博　士　アドリブ

委員2　がまんしないほうがいいんだ〜

委員3　博士！　次のこともむずかしいのですが、……

調　査「いやなときやがまんできないときに、すぐ泣いてしまうことがよくある」と答えた人は一〇人でした。これは、脳をあまりつかっていないことですか？

博　士　アドリブ

第六場面　どうすればいいの？

委員5　そういうことなんだ〜

委員6　博士！　今までの話はよくわかったけど、じゃあ、夜眠くなったり、遊びたいなあと思ったり、朝ごはんが食べたいなあと思うことができたり、自分の意見を言うことができたり……そんなことができるようになるために、どうしたらよいの？

博　士　アドリブ

委員7　えー！

いやなとき　がまんできないとき
すぐにないてしまう

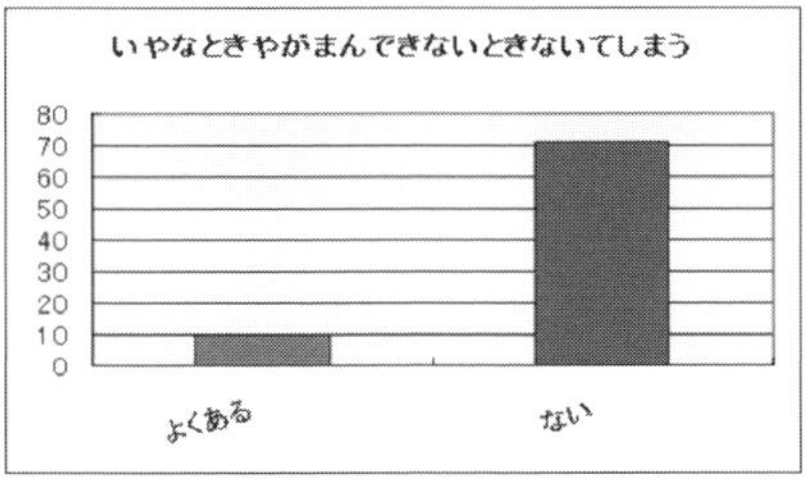

おとなの意見にがまんしている

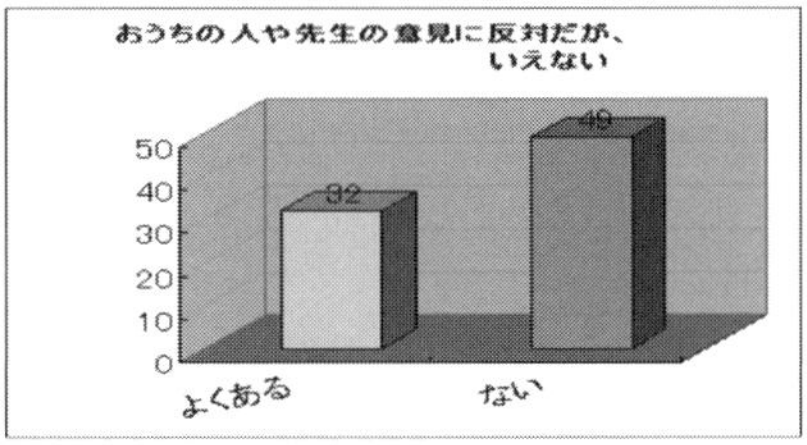

委員5　めんどう！
ナレーター　それじゃ、せっかく脳を探検して、しっかり学んだのに、脳が働いていませんね。
委員6　はい！　脳を働かせます！
博　士　アドリブ
博　士　さあ、脳を働かせて元気に過ごしていきましょうね。
みんな　はーい！　博士、脳の中の探検は楽しかったです。
みんな　博士、ありがとうございました。さようなら。
博　士　はいはい！　みなさん元気に過ごしてくださいね！

〈エピローグ〉

委員長　ちょっぴり、騒がしい話し合いをしていた保健体育給食委員会のみんなは、脳を働かせて生き生き保健体育委員会の仕事をしていくことができます。
ナレーター　ときどき、おしゃべりに花が咲いたりしますが、すぐ切りかえられることができるようになり、人の話もようく聞くことができます。では、みなさん、きょうの「脳を働かせてレッツGO！」の話を思い出してください。そして、脳を働かせて生き生き過ごしましょう。

出　演　稲浜小学校保健体育給食委員会
特別出演　日本体育大学名誉教授　正木健雄先生
友情出演　稲浜小学校六年生
照　明　稲浜小学校六年生
道　具　稲浜小学校六年生

【参考文献】
『人のからだ』学研の図鑑／『すこやかなこころをつくる　脳の成長』大島清著、偕成社／『人体探検』リチャード・ウオーカー著（中野博美訳）福音館書店／『脳の話』時実利彦著、岩波新書

【注】保健室閉鎖
一九八〇年代前半、タバコ・シンナー・暴力などで荒れるいわゆるツッパリ集団の生徒たちが保健室を占領した時代があった。そのとき、教師集団が保健室にたむろする生徒を巡回し、生徒の気持ちをつかんで教育の実践の課題として取り組んだ。（「保健室」誌創刊号に保健室閉鎖をめぐる実践が掲載されている。その後〝保健室はだれのもの〟という特集も組まれた。）徐々に、

保健室は応急処置・相談・健康教育・保健活動を行うだけでなく、子どもの居場所・保護者の相談場所として教育実践の場となった。養護教諭は、教室に行けない生徒を受容する存在として認められるようになった。保健室の意義が高く評価され、保健室閉鎖の話も聞かれなくなった。

しかし、私の勤務していた中学校では、保健室に行きすぎる生徒を取り締まるために、保健室を閉鎖するという考えであった。そして校長の職務命令で保健室閉鎖が行われた。生徒がどういう問題を抱えているのか、なぜ保健室を訪れているのかを養護教諭の私が提起することを学校側は一貫して否定し、私は、養護教諭の仕事の場としての保健室から隔離された。

二〇〇五年五月二三日　千葉県弁護士会・千葉県人権擁護委員会より高浜中学校校長宛に要望書が出された。

次のような内容である。

貴中学校において、校長、教頭、その他教職員全員が、ますます深刻化し低年齢化している生徒の身心の健康に関する現代的課題について、早期に察知し、その問題を教職員間で共有して適時適切に対処するため、保健室の役割について共通の理解を深め、さらなる保健室の活用と、専門職として保健室を主体的に運用する養護教諭の意見を十分に斟酌し、できる限り尊重するよう要望する。

要望の理由

第一　本申し立ては、千葉市立高浜中学校において二〇〇二年四月から二〇〇四年三月まで同中学校の養護教諭であった申立人が、保健室の閉鎖によって養護教諭としての適切な業務遂行が妨害されたことによる人権侵害の救済と同時に、子どもたちの健全な育成のための保健室の開放を求めるものである。（略）

この要望書により私は、救済されました。

しかし、ここ最近、全国的な状況に、ふたたび保健室閉鎖の話を聞くようになりました。どんな状況なのか心配がよぎります。

〈特別寄稿〉

子どもたちの心と身体を不自由にする「空気圧」

横浜市立大学名誉教授

中西 新太郎

大人には見えにくい子どもたちの生活

ある中学校での話。子どもたちに、〝今したい〟ことを出させる授業があったそうです。「冬眠したい」「休んでいたい」「学校を燃やしたい」……出された願いはそんな内容がぞろぞろ。「あぁそうだろうな」と思います。

思春期の子どもたちは疲れています。心も身体も疲れさせる毎日が、学校生活があるからです。朝起きて学校にやって来るときは、元気はつらつが普通じゃない？　そう思うのは古き良き時代の思春期しか知らない大人の勝手な思いこみにすぎません。

「たりぃ」「やる気しねえ」と朝っぱらから机に突っ伏してしまう子どもたちのすがたに大人が返すのは、たとえば、「昨日夜更かししたんじゃないの？　ゲームのやり過ぎはダメだよ」……といった、いささか視野の狭い応答ではないでしょうか。その日の始まりから疲れている子どもはきっと生活時間が不規則にちがいなく、だから生活リズムをきちっとたて直さなくては、と想像するのでしょう。その想像は当たっていることもあるだろうし、昼夜逆転のような生活はまずいというのも、もっともな主張です。けれども、それだけでは視野が狭いと書いたのは、次のような理由からです。

ひとつは、疲れている気分の背後にひそむ要因が、表面上で見えることがらよりもずっと広がっていること。「吐き気がする、気持ち悪い」という身体症状の背後に、学校に行けない事情が隠されているかもしれないように、人を「疲れさせる」要因は複雑で錯綜しています。思春期の少年少女にとっては特に。夜更かしが事実だとしても、簡単に「寝落ち」できない事情がそこにはあるかもしれません。その部分が大人の眼からは見えにくい。さまざまな理由から大人に気づかれぬよう、核心にある事情を隠すことも子どもたちには当たり前のスキルだからなおさら、大人に見えない世界が広がります。本人が「疲れ」（意欲が湧かない、気力が出ない等々、多様性に富んだ現れ方をする）の本態を突きとめられず無自覚な場合は、さらに深刻です。

そうなると、そもそも、「疲れたー」という嘆息の意味が、大人が了解している疲労なるものとどれだけ一致しているかも怪しい。疲労と元気（健康）を対極の状態と即断してよいかどうかさえ疑問です。楽しげに談笑しているさまが、実は、無性に苛つく、死にたいくらい苦しいといった状態のねじれた表現になっていることもあります。子どもたちが発する言葉は、彼女ら彼らが生きている状況や現実の正確な反映ではありません。思春期の子どもたちの、外から見える様子と内面とがかけ離れていることは普通です。そのことに大人は気づかない。「元気はつらつ」が安心で、「やる気ねえ」が問題だと即断してはいけないのです。ひょっとすると、机に突っ伏しているすがたの「自然さ」がむしろ安心できる状態かもしれません。子どもの「疲れたー」を受けとめる大人の感受性を狭めてしまうのは危険です。これがもうひとつの理由です。

心と身体はどれだけ解放されているか?

冒頭のエピソードから窺えるように、思春期の少年少女たちの生活に「疲れる」要因がいろいろあるらしいこと――もちろんそれがどう表現されるかは単純明瞭でないとしても――が推測できます。そして、その背景に、一言で言えば、多忙化と呼ぶことのできる変化があることも事実でしょう。

実際、中学生も高校生も忙しい。小学校高学年から、子どもたちの生活スケジュールは立てこんできます。スケジュール合わせをしなければ一緒に遊ぶことも難しい現実は、かなり以前から普通でした。部活が義務の中学校は数多く、帰宅後の勉強や塾、習い事の時間を加えると、スケジュールをきちんとこなすのは大変なはずです。テレビをのんびり視ている時間などあまりない。そもそもリアルタイムでテレビ番組を視る習慣はいまでは薄れ、視たいものはユーチューブなどで視るといった視聴行動が普通になっています。加えて、近年では、SNSの普及が少年少女の生活時間に大きな影響を与えるようになりました。毎日数時間をラインやツイッター、ネットサーフィンに費やすのが普通になったから、忙しいのは当然です。

ただし、生活スケジュールのこうした多忙化は、あくまで、一般的な傾向であって、すべての子どもに当てはまるわけではありません。中高校生の学習時間が二極化していることは各種のデータが示しており、勉強を放棄する（せざるをえない）子どもたちは少なくないのです。いわゆる帰宅部で、友だちづきあいもない、一人で過ごすことがほとんどの子どもは、忙しいとは言えません。友だちも少なく、ＳＮＳに費やす時間も僅かな中高生が一割前後に上るとの調査結果（ベネッセ教育総合研究所「中高生のＩＣＴ利用実態調査二〇一四」）からは、「ぼっち」あるいは貧困のゆえに孤立状態に陥っている子どもの存在が推測されます。放課後、過ごす場所がなく、駅前や大人の眼が届かない場所にたむろする少年少女の存在が、悲惨な事件の時にかぎって明るみに出るのは周知のとおりです。

では、多忙な毎日を送る子どもたちの疲労感が問題で、そこから外れた子どもは疲れていないかというとそうではありません。学校の勉強にまったくついてゆけない、興味を持てない子どもが、朝から「たりい」とつぶやくのを、「そんなはずないだろう」と無視できるでしょうか？

いわゆる「ぼっち」の状態におかれ徹底して無視された子どもにとって、何もせず（できず）黙ってうつむいているしかない時間は心身に深い疲弊をもたらすのでは。引きこもり経験が、一般に想像されるのとちがい、激しい疲労感、焦燥感をともなうことは、経験者の語りからよく知られています。

このように、何もしない（できない）からこそ疲れる。思春期に始まる激しい逸脱行動が、孤立して身動きのとれない状況がもたらす疲労と焦燥とを必死に逃れようとする試みであっても不思議ではありません。

逆に、好きな運動をした後や、友だちとたっぷり遊んで、「あー、疲れたぁ」という時の「疲れた」を問題視する教師は多分いないでしょう。「忙しくて疲れる」と言っても、この場合は、充実した毎日を送っているのだ、と好ましく受けとられるからです。

以上からわかるのは、多忙か否かという単純なモノサシでは測りきれない疲れのすがたがある、ということです。何もしないうちから「疲れたー」と言い、どんよりと元気を失っている子どもが気になるのは、そこに「心地よい疲れ」とはちがう「疲れ方」の存在を感じるからでしょう。

では、同じ「疲れた」でも、両者はどこがどうちがうのか？

筆者はこれを、「心身を解放的にする疲れ」と「心身を不自由にする疲れ」とのちがいと考えています。子どもの様子を推し測る際、大人がよく用いる「元気」や「意欲」といったモノサシでは、心身がどれだけ解放されているかしばしば見過ごされてしまいます。ぼおーっとできる最高の時間だってあり、疲れ果てた満足もあるでしょう。見過ごしてはならず問題にすべきは、「心身を不自由にする疲れ」であり、そうした疲労感をもたらす原因ではないでしょうか。

心の底に深く溜まってゆく疲れ

監視や規律のなかで四六時中過ごさねばならない生活は疲れるにちがいないでしょう。まるで奴隷状態におかれたような毎日では、心身が極限まで不自由にされてしまうのだから。いじめの被害者が時々刻々味わう、そしてこの先も永遠に続くと感じられる孤立感、疎外感は、この奴隷状態のもっともわかりやすいすがたです。無視され排除されながら逃げ出すことも許されない「規律」（束縛）のなかに閉じこめられる。居場所がなく逃げ場もないそんな状態が、ついには自分自身を消してしまいたいと願うほど深い疲弊をもたらすことは誰でも想像できるでしょう。

心身を不自由にする疲れは、しかし、そうしたわかりやすいものだけではありません。たとえ本人が「疲れるなぁ」と感じなくても、それどころか逆に、「私は元気、いま充実してる」と思っていてもじわじわ溜まってゆく疲れというものがあります。

たとえば、ラインについて考えてみます。中高校生がラインでグループを組んで絶えずつながっているのは、今ではクラスや部活の連絡に欠かせないせいもありますが、中心は友だちといつでもお喋りを交わせる楽しみがあるからです。平均で一〇以上にもなるグループ（家族、クラス、部活、部活の同学年、小学校の友だち、クラスの誕生月、趣味、買い物を一緒にする仲良し……）がつくられていることは、この楽しみがどれだけ大きいかを示しています。

それと同時に、それだけのグループをうまく取り仕切ってやりとりするのはなかなか大変です。すき間のない会話の流れにのる（話しへの入り方、外れ方）のは難しいと感じる子どももいるし、いつでもつながれるライン特有のスキルやグループのつくり方（離合集散）への配慮に苦労する実態もあります。ラインよりも匿名度の高いツイッターでも、裏アカをふくむ複数のアカウントの使用法や、フォロアーへの対処、リツィートの作法など、気を遣わねばならないことはたくさんあるのです。

ＳＮＳが生活の欠かせない一部になっていない大人たちは、「そんな毎日ではとても疲れてしょうがないのでは」と言うかもしれません。実際、かつての「ミクシィ疲れ」から始まって、新たなＳＮＳが普及する度に、それにハマる子どもたちの疲れが報告されてきました。

ただし、ＳＮＳ利用が当たり前の生活環境になった子どもたちにとっては、前述のような配慮や気遣いも当たり前だから、それが心身を不自由にするとは気づきにくいのです。「疲れないの？」と大人から問われても、多くの場合、「別に」とか、「ううん、楽しい」といった返事がかえってくるのは、当たり前の生活だと思っていることについてそう問われても答えようがないからです。

疲れの背景にある社会変化

ラインを考えればすぐわかりますが、いまの子どもたちのつきあいは希薄になるどころか、以前よりも濃密で気が抜けなくなっています。それだけではなく、「私的」なつきあいの場だと感じられる場が、たちまち万人につたわる社会的・公的な場につながる状態になり、子どもたちの私生活があちこちで筒抜けになる危険もあふれています。ＳＮＳの発達は社会のつくられ方を変化させ、子どもたちの私生活、学校生活もこの変化に巻きこまれているのです。部活やクラスなどの連絡もラインで来るのが普通になってきたいま、ＳＮＳを使わなければ学校生活、社会生活をいとなめない状態ですから、思春期の子どもたちは否応なしに、そうした新しい社会環境の下で行動できるスキルを身につけるよう求められます。

そうした変化は、もちろん、悪いことばかりでなく、子どもたちの世界を飛躍的に広げる効果ももたらします。大人は危険視しますが、自分が楽しいと思える場をネットの世界で自由に見つけられる魅力は、現実の、限られた生活圏での生活では味わえない魅力なのです。

SNSの浸透が子どもにとっての社会を、このように、新しいすがたに変化させている事実は無視できません。子どもたちがラインやツイッターをどれくらい使っているか、どのように使っているかといった調査はいろいろありますが、こうした通信手段——同時に、社会をつくる手段でもあります——が、子どもたちの生きる社会をどう組みかえているかについては深い検討が少ないように思います。思春期の子どもたちは、これまで、家庭の外では、おおよそ学校という社会の枠内で生きているように考えられてきました。しかし、いまでは、学校生活にはとうてい収まらない社会生活を送ることができるようになり、そこで生きるために不可欠なノーハウやスキルが求められるようになっています。しかも、この新しい環境について大人がつたえていることは僅かですから、必要な配慮や振る舞いを自前で身につけなければいけません。気苦労、気疲れが増えるのも当然です。

子どもたちの生きる社会が変わったという点に注目すると、スマホをなるべく使わせないといった対症療法で疲れを取り去るのは難しいことがわかります。子どもたちがつくる「社会」、つまり、さまざまなつながり全体に眼を向けなければなりません。

たとえば、いじめについて考えます。ラインの広がりがいじめの機会や手段を広げたことはよく知られています。ネット上でのなりすましは、加害者の予想さえこえる被害をもたらしますが、スマホのない時代に友だちになりすまして誰かにラブレターを送るいたずらとパターンは同じです。同じにみえることがとても大きな社会的影響力を持ってしまう環境変化がすすんでいるために、「ちょっとした悪ふざけ」では通用しない深刻な事件になってしまいます。それだから、子どもたちが結んでいるつながりを一つひとつ、「こんなやり方でよいのか」と問い直さないといけない。思春期の子どもたちが手探りで、「これは大丈夫」、「こんな態度をとったらNG」と敏感なセンサーを張りめぐらし、トラブルを避けようとする背景には、そんな問い直しの必要があるのです。

変わってしまった環境、社会のなかで何とかうまくやってゆくために実は大変な努力が必要なこと、しかもその大変さを子どもたち自身が気づきにくく、心身を不自由にする疲れがたまっていること——そんな状況を大人がしっかり受けとめるためには、子どもたちがつくっている社会、なかでもその中心である友だち同士の関係についてリアルに理解することが不可欠なのです。

楽しいがしんどい友だちづきあい

ラインやツイッターでのつきあいに求められる配慮の中心は、思春期の子どもたちの場合、友だち関係を損なわないこと、うまくやってゆくことにあります。つまり、友だちづきあいのなかではたらかせるべき配慮、気遣いの中味こそ、「心身を解放するか不自由にするか」という問題の焦点なのです。そこで、焦燥感、気疲れといった言葉と結びつく「心身を不自由にする疲れ」

が友だちづきあいに出現するシーンを挙げてみましょう。

五、六人の仲良しグループが集まってわぁわぁとお喋りしています。とりとめのない話題に花が咲く楽しいひと時のように傍目には映るが、それほど単純でないかもしれません。にこにこ楽しそうに肯いている少女が、実は、そこでの話題にまったく興味がないことがあります。「何にも面白くない」と思いながら、それでも話しの輪に熱心に参加する（熱心なフリをする）ことが絶対に必要です。なぜなら、何が話されるかではなく、そこに仲間の一員として居ること、居るねと気づかれていることが肝心であるから。数十分、聴きたくもない話しにつきあっていることに徒労を感じても、だからといって、その場を勝手に離れてはダメなのです。

筆者が「ウチらのシャカイ」と呼ぶ友だちづきあいの世界では、たがいに「空気」を読みながら振る舞うそんな状況がいたるところで生まれています。特別な事態ではなく、そうやって配慮しあいながら生きることが日常生活の基本なのですが、子どもたちにはそれが当たり前過ぎて、自身の内面に出現してしまう葛藤や焦燥をそれとして意識し、かたちにすることが難しいのです。若年層を書き手とするライトノベルには、そういう葛藤を見事に描き出している作品が数多くありますが、大人には想像しにくい関係でしょう。

プリクラを一緒に撮るさいに不可欠な「テンションの一致」は、友だちづきあいが要求する緊張の質をよく象徴しています。求められているのは、さりげなく（引かれぬように）一緒に盛り上がる状態の維持です。場を重くしないノリやツッコミを誰が引き受けるか、いじられ役をこなせるか、期待通りボケられるか……ウチらのシャカイをうまくつくるための繊細ですき間のない配慮技法（拙著『「問題」としての青少年』大月書店参照）が張りめぐらされ、返答の仕方ひとつにもそれなりに心を配らなければなりません。気疲れしないのがおかしい高密度のつきあいです。もちろん、そこから外されたら外されたで、「ぼっち」の疲れが待ち構えています。ソロ充で生きられるのはほんの僅かな例外です。

ここで述べたような友だち関係は、早ければ小学校中学年から始まります。もちろんその時期ではまだ、友だちづきあいのこのしんどさが自分たちの心身を傷つけるとは自覚しにくいのですが。本論タイトルで「空気圧」という言葉を用いたのは、そのなかにいるために起きる不自由に気づきにくく、不自由をもたらす本体がみえない状態を表すためです。「空気圧」とは、社会学で言う同調圧力の、この独特のすがたを意味しています。

空気圧が厄介なのは、それが同時に、友だちと一緒にいる楽しさを支えてもいる点にあります。思春期の少年少女にとって友人関係がもっとも大切なことがらなのは以前も今もほぼ変わりありません。楽しく一緒にいられる友だちの存在は何より大事だから、一緒にいるための配慮が疲れるからイヤとは言っていられない。「楽しい」と「しんどい」とは、友だちづきあいの、たがいに切り離せない産物で、そこに悩ましさがあります。

とりあえず「疲れた」と言っておく

どうしたって溜まってゆく友だちづきあいの疲れは、ではどのように「処理」されているのでしょうか？

「小学四年生の夏、……、心に決めたことがある。これからは、世界の片隅で、ひっそり目立たずに生きていくのだ、と。」(木ノ歌詠『熾天使たちの5分後』富士見ミステリー文庫)このようにひとり孤高を保つやり方がしばしば描かれるけれど、「ソロ充」でいられるのはそれだけの強さがある者だけ。孤立に耐え抜くことをとても難しくするのが空気圧というものの威力だからです。

たがいに衝突せずそこそこやってゆけるくらいの距離感が保てれば、おそらくは、それが一番気楽でしょう。そしてそういう「気楽さ」をたがいに保障しあうために、またまた、深追いしない、相手が引くほど近づかない……等々の気遣いが必要になります。

そこで重要になるのは、「おたがいにそういう距離感を踏まえているよ」という暗黙の了解です。一緒にいることで溜まる疲れを軽減するためのこの了解を実践することは、いつでもオンラインでつながっている関係が実現したいま、子どもたちに欠かせない生活の知恵です。不用意に本心をさらけ出したり、相手の態度にベタに反応したりといった真似は、当然はたらかせるべき配慮の不足、友だちづきあいが下手だという欠陥を露呈してしまいます。

自分の気持ちが「ぐちゃぐちゃになる」などと表現される、この「つきあい疲労」をスパッと断ち切る方法が子どもたちにわからないのは当然でしょう。たがいに気楽でいるためにさえ、細かい気遣いが求められるからです。

では実際には、この難儀な状況を子どもたちはどうしのいでいるのでしょうか?

自分の中の疲れに気づかぬよう気づかれぬよう「ポーカーフェイス」で通すのが、無難で実用的な「標準仕様」の振る舞いのようです。ただし、ポーカーフェイスの具体的な表し方は多様です。「別に」とか「普通」という応答は典型的ですが、「元気だよ」「平気、平気」と頑張りポーズをきめてみせるのも、ポーカーフェイスの一類型です。それらが意味しているのは、「いろいろあっても何とかやっているよね」という暗黙の相互確認、相互理解です。

この相互理解には、「おたがいに何とかやっているのだから、それ以上に無理したり、頑張ろうなんて迫らないようにしようね」というニュアンスが含まれています。そこを見逃すと、「そうだ、その元気で、勉強も（部活も……）頑張ってみよう」といった的外れの激励（プレッシャー）をかけたりすることになります。

開口一番、「疲れた」と言ってみせることの意味も、以上から推測できそうです。とりあえず「疲れた」と言っておくことで、疲れを増すような事態をたがいに避けようという雰囲気がつくられ、自分を見逃してという合図にもなります。「疲れた」もまた、難儀な状況をたがいにしのぎあうポーカーフェイスの一手法なのです。

こうした「とりま疲れた」戦術は、大人のプレッシャーを避けるためにも有効です。たとえば、子どもたちの元気を引き出そうとする手立て（運動会、文化祭といった学校イベントもそのひとつ）が、のっけから、「疲れる」「たりい」と反応され拒絶されるのはその一例でしょう。

この場合の「疲れた」には、大人の求め（期待）に応え続けるのは苦しい、面倒くさい、従えないといったニュアンスがこめられていそうです。「まだ動いてもいないのに疲れているはずはないだろう」という大人の判断は、「疲れ」の意味を読みちがえています。どんなによくできたプログラムであっても、それにとりくむ初発の時点で子どもたちが、とりあえず「疲れた」と応じるのは不思議ではありません。先述のように、疲れる毎日が基本の状態に加え、大人から要求に応えることが求められるのだから。「たりい」「つかれた」という反応はその意味では正常なのです。

むしろ注意すべきは、大人に対しても、その求めにうまく応えて振る舞えるような子どもが抱える内面です。友だちづきあいも大人とのつきあいも巧妙にこなせる「分心の術」に長けた子どもたちが、そのために持って行き場のない疲れを心と身体の奥深く溜めてしまうのは恐い。ウチらのシャカイが求める振る舞いにせよ、大人からの要求にせよ、適当にあしらってやりすごすことができればよいけれど、そうでないと、行き場のない疲れは、ついには、本人の心身を蝕んでゆきかねないからです。

「これなら安心」と思える居場所を

「疲れた」は、「身体と心が不自由で動けない、動きたくない」というサボタージュ宣言のように思えます。動けない身体と心をどうすれば解放できるか、その手立てを子どもたち自身が会得できれば良いが、それが難しいのです。何もせず考えずだらだらと過ごせる、その場に居られる――「まったり」とはそんな状態を指すが、誰かがそばにいるとまったりできない。でも、人は他者とともにいなければ生きることのできない存在です。友だちと一緒にいることが欠かせないと感じる根っこにも、他者とともにいられる関係、社会をつくるかかわりの持つ根源的な重要性があります。

では、他者とともにいながら誰もが自分の心身を解放的にできるような関係はどうやってつくれるのでしょうか？　子どもたちがそんなかかわり合いをつくるために大人が支援すべきこと、支援できることは何か？

「疲れたぁ」と言いながら、用もないのにぐずぐずしていられる保健室は心地良い。ウチらのシャカイや教室（学校の公式空間）でのしんどい関係とはちがう「空気」を体感できる居場所は、不自由な身体と心とを癒すかけがえのない場だからです。そういう居場所がそこに集まる子どもたちの心身を解放的にすることは、困難を抱えた子どもたちの支援にたずさわる現場で繰り返し確かめられてきました。いま少しずつ広がりをみせる居場所カフェもそうだし、社会的引きこもり者への支援でも居場所の力が指摘されています。

もちろん、子どもが心身を解放できる居場所はひとつだけではありません。大抵は家庭が居場所の力を持っているからこそ、家庭外での不自由、疲れを何とか我慢することができています。けれど、思春期の子どもたちがぶつかるつきあい疲れ、配慮疲れは、家庭だけでは解消できない場合も多いのです。よく目を凝らしてみると、そんな子どもたちが自前の居場所をさまざまな仕方で発見しつくりだしている様子がわかるはずです。たとえば、学校友だちとのしがらみがない塾が終わって教室の出口や路上でたむろしお喋りするわずかな時間。週一度スーパー前にやって来る焼き鳥屋さんの屋台の横（ある学生の思い出）。どこまでもやさしく思えるカレシが、苦しい事情を抱えた少女の居場所になることもあります。

そこなら安心と感じた居場所が実は幻想にすぎないこともあります。でも大切なのは、少しでも自分を楽にさせるため、そうできる場所を求める子どもたちの振る舞い、行動を読みとり、受けとめることではないでしょうか。

「ここが居場所だよ」と大人が用意すればうまくゆくわけではありません。「安心していいよ、何でもしゃべって大丈夫」と子どもを促しても、だから子どもが相手に向かって解放的になるとは限らないのと同様に。「その場に安心していられる」という感じ方を大人が押しつけることはできません。それは子どもが自分自身で体得することがらなのだから。

右の点を踏まえた上で、他者とともにいて安心な場を子どもがつくり出せるよう支援することは大人の役割です。子どもたちが見出した居場所をむげに踏みにじったりしないこともそうです。そしてそれらと並んで、大人たちのつくる関係が心身を解放的にするかかわり合いの具体的なモデルになっているかどうかも問われるでしょう。大人たちが見せているかかわり合いのすがたは、はたして、「これなら安心、こんな関係なら不自由じゃない」と子どもたちに得心のゆくものになっているでしょうか?

「足りない」ことがカギ

子どもたちがたがいに安心していられる居場所の条件は何でしょうか？　子どもにかぎらず、人が他者とともにいられるために不可欠な条件、さらに言えば、人がたがいにありのままの人間として出会える条件は何かということです。

居場所というからには、そこに自分がいられるだけの「余地」がなければなりません。誰でもそういう余地を持てることが必要です。一畳分のスペースにぎゅっと二人が押しこめられるような空間では、心身とも窮屈だし、相手を押しのけなくては自分が気楽になれません。（これはある放課後全児童事業の話。ラッシュアワーの満員電車はさらに酷い。）空間や時間、つまりは毎日の生活全体に余地がないことの苦しさはこの例からよく想像できるはずです。

自分の入りこめる余地がなければ人はその場にいられない——これは誰でも直観的にわかる話のはずです。ところが、現実の生活では、一生懸命自分のいられる余地をつくろうと配慮し合って、かえって一緒にいられる余地を狭めてしまう。なんとも皮肉なこの帰結を避けるにはどうすればよいのでしょうか？

「余地をつくる」というのは不正確で、余地はつくる、つまり自分の手に及ぶ範囲の場を設計したり確保するというものではないのです。そうした「つくる」というやり方で用意された場に誰かを招き入れ、「一緒だね」と言っても、自分がいる余地があるとは受けとられないでしょう。相手にあらかじめ準備された場で「動かされ」「言わされる」という不自由感は拭えません。

つまり、余地とは、その場にいる誰の手も及ばないという点での自由（解放性）がある場所や時間のことを言います。だからこそ、そういう余地（余白）があれば、誰でもそこで安心し気楽にいられるのです。余地（余白）があるとは、自分のすぐそばに安心して誰かがいられるだけの自由がある、自分の気遣いや配慮が届かず気にされない場があるということ。「自分ですべてを仕切れない余白があるからこそ、誰かの占めることのできる場所が生まれる」（拙著『人が人のなかで生きてゆくこと』はるか書房）のです。

誰もがそんな風に共にいられる関係が自然に生まれるとは思えないし、それを望むのは理想だが実現しそうにないと感じられるかもしれません。

誰もが心身を解放的にできるかかわり合いの実現が高い望みであることは事実です。しかし、同時に、そういう関係を生み出す原理は意外にシンプルでもあります。「自分がすべてを仕切れない」という出発点に立つのは、誰でも簡単なはずです。人間誰もが不完全で欠陥（破れ目）があることは当たり前。たがいのそうした欠陥や不揃いを、だからといって誰かを締め出す（余地を奪う）理由にせず、認めあうことで、私たちは一緒にいられる関係、社会というものを生み出しています。この点に着目すれば、これまで述べてきた、疲れるしかない配慮の悪循環から抜け出すことができるでしょう。

自分の不完全さを他者とともにいるための原動力、資源にするという考え方はそれほど奇異ではないのです。コミュニケーションの成立条件を思い浮かべてください。ひとりで喋りまくったところで、誰かがいなければコミュニケーションなど成り立ちません。コミュニケーションに不可欠なのはスキル云々よりも、まず、他者がいること、つまり自分だけでは完結せず、自分は不完全だという出発点です。

たがいの破れ目が見えていること、その余白が共にいられるかかわり合いに不可欠な培養土になること——そこに、子どもたちの疲れを溶かしてゆく大切なヒントがあるのではないでしょうか。

むすび

七月の青い空に真白い雲が、木更津の方へ向かって流れています。きょうは、この単行本「ぼちぼち行こうか―保健室の窓から」の編集の最終版追い込みの作業の日です。〝おーい雲さん木更津は、危険ですよ〟と呼び止めたいとふっと思います。なぜなら、木更津市（米軍普天間飛行場に配備されている米海兵隊の新型輸送機オスプレイが、陸上自衛隊木更津駐屯地で定期整備される）にオスプレイが飛ぶのです。子どもの健康、発達、安全、人権を守り平和を願う私たちは、ふだんの生活の中にふっと危惧をいだくことがしばしばあります。この真白い雲に、子どもを戦争に巻き込まないで、世界中に伝えておくれーと手をふりました。

さて、この「ぼちぼち行こうか―保健室の窓から」は、やっとここに完成するに至ります。私たちにとって初めての単行本編集の体験は、原稿読みからはじまりました。

重鎮な方々の実りある実践記録の文言のひだに子どもの育ちを願う豊かな気持ちが伝わってきます。生き難い社会の縮図の中での実践なのに、実践記録からは、力強く子どもを育てていく方向が見えてきます。ゆったりと子どもと手をつないで希望をもって未来に向かって歩いていく実践が詰まっています。子どもが生き生きと蠢き、実践者も楽しみを自分のものにしながらの実践に元気をもらいました。魅了した編集の仕事を感動的に受け止めています。

この一冊にまとめた中西論考と九人の方の実践を、子どもにかかわる仕事をされている方にそして若い世代に繋げていきたいと願います。

ご執筆をいただいたいただいたみなさん、本の泉社比留川洋社長、DTPの木椋隆夫さんには大変お世話になりました。心から深く感謝申し上げます。

二〇一七年七月一九日　　編集担当　天木和子　石田かづ子　小林篤子

中西新太郎

東京都出身。横浜市立大学名誉教授・関東学院大学教授。少年少女が抱える生きづらさや友人関係の葛藤、大人にはつかみにくい文化や意識のすがたを探る。消費社会がつくりだす新しい環境が成長の過程にどのような影響を及ぼしているか、人間同士の豊かなコミュニケーションを生み出す文化とはどんなものかなどについて関心を持ち、検討している。主な編著書は、『人が人のなかで生きてゆくこと　社会をひらく「ケア」の視点から』（はるか書房・二〇一五）、『「問題」としての青少年』（大月書店・二〇一二）、『シャカイ系の想像力』（岩波書店・二〇一一）、『キーワードで読む現代日本社会』共編著（旬報社・二〇一二）、『ノンエリート青年の社会空間』編著（大月書店・二〇〇九）など。

藤田照子

岡山県出身。養護教諭定年退職後　養護教諭再任用二年目。全国養護教諭サークル協議会推進委員（二〇〇一〜）、研究推進委員長（二〇〇五年〜）。チャイルドラインやＰＴＡ等で講師を務める。全国養護教諭機関誌に寄稿（九八号・一一七号・一二八号・一五四号・一七六号）。全国養護教諭サークル協議会企画書籍「ここがポイント！学校救急処置」に執筆。『教師のための教育保健―養護教諭が取り組む健康教育活動』共編著（東山書房）。

藤巻久美子

福井県出身。養護教諭。東京都足立区立舎人小学校勤務。保健室一八五号「子どもだって疲れている」に寄稿。

鹿野晶子

大阪府出身。日本体育大学准教授。子どものからだと心に関する野外調査に従事。子どもの元気を探求する。『子どものからだと心白書』子どものからだと心連絡会議編 編集委員（ブックハウスエイチディ）。

小林令子

東京都出身。東京都江戸川区保育園園長、東京都江戸川区障害児施設長、千葉市私立保育園園長を経て、現在は船橋市私立保育園園長。

膝館ひろ子
岩手県出身。千葉県市原市・市川市の小学校・中学校の養護教諭として勤務し、定年退職後は市川市の中学校で養護教諭として再任用。全日本教職員組合千葉県支部研究集会・日本子どもを守る集会（千葉・奈良）などでレポート発表。全国養護教諭サークル協議会「千葉えだまめサークル」代表者として活躍。

佐藤左貴
東京都出身、一才から埼玉県川口市在住。以前は、鍼灸師として東洋医学の視点でからだの施術に携わる。現在は、三月に生まれた四人目の子どもの子育て奮闘中。子育てのかたわら、親子劇場の活動に携わっている。

大津育子
長野県出身。長野県塩尻市と東京都内の中学校養護教諭として勤務。全国養護教諭サークル協議会研究推進委員・健康認識を育てる分科会担当。東京都養護教諭研究会副会長・会長を歴任。定年退職後、地域の子ども食堂の運営に携わっている。

佐藤　崇
埼玉県出身。フェアトレード会社勤務を経て、東京都内中学校社会科非常勤講師。DEAR（開発教育教会）会員。PARC（アジア太平洋資料センター）会員。

石田かづ子
千葉県出身。県内千葉市を中心に小学校・中学校の養護教諭として勤務。全国養護教諭サークル協議会に加盟（一九七三年に千葉えだまめサークルをたちあげる）。全国養護教諭サークル協議会研究推進委員（健康認識を育てる分科会）を担当。現在機関誌「保健室」の編集部として、本の泉社で「保健室誌」の編集に携わっている。定年退職後、学童保育指導員（浦安市）・放課後等児童デイ支援員（千葉市）として、再度子どもに向き合う。学童保育の指導員としての実践をいま「子どものしあわせ」（本の泉社）で二〇一七年四月から連載中。

ぼちぼち行こうか
――保健室の窓から

2017年8月9日　初版第1刷
著　　者　藤田照子　藤巻久美子　鹿野晶子　小林令子
　　　　　膝館ひろ子　佐藤左貴　大津育子　佐藤　崇
　　　　　石田かづ子　中西新太郎
編集協力　天木和子　石田かづ子　小林篤子
発 行 者　比留川 洋
発 行 所　株式会社 本の泉社
　　　　　〒133-0033 東京都文京区本郷 2-25-6
　　　　　電話 03-5800-8494　FAX 03-5800-5353
　　　　　http://www.honnoizumi.co.jp/
D　T　P　木椋 隆夫
印　　刷　新日本印刷 株式会社
製　　本　株式会社 村上製本所

Printed in Japan　ISBN978-4-7807-1643-6 C0037